T0209869

essentials

essentials liefern aktuelles Wissen in konzentrierter Form. Die Essenz dessen, worauf es als „State-of-the-Art" in der gegenwärtigen Fachdiskussion oder in der Praxis ankommt. *essentials* informieren schnell, unkompliziert und verständlich

- als Einführung in ein aktuelles Thema aus Ihrem Fachgebiet
- als Einstieg in ein für Sie noch unbekanntes Themenfeld
- als Einblick, um zum Thema mitreden zu können

Die Bücher in elektronischer und gedruckter Form bringen das Fachwissen von Springerautorinnen kompakt zur Darstellung. Sie sind besonders für die Nutzung als eBook auf Tablet-PCs, eBook-Readern und Smartphones geeignet. *essentials* sind Wissensbausteine aus den Wirtschafts-, Sozial- und Geisteswissenschaften, aus Technik und Naturwissenschaften sowie aus Medizin, Psychologie und Gesundheitsberufen. Von renommierten Autorinnen aller Springer-Verlagsmarken.

Felix Dühr · Michael Broens

Erlösmodelle in der Games-Branche

Status Quo der Marktführer in den wichtigsten Genres

Felix Dühr
Hamdorf, Deutschland

Michael Broens
IU Internationale Hochschule
Lauda-Königshofen, Deutschland

ISSN 2197-6708   ISSN 2197-6716 (electronic)
essentials
ISBN 978-3-658-40998-2   ISBN 978-3-658-40999-9 (eBook)
https://doi.org/10.1007/978-3-658-40999-9

Die Deutsche Nationalbibliothek verzeichnet diese Publikation in der Deutschen Nationalbibliografie; detaillierte bibliografische Daten sind im Internet über http://dnb.d-nb.de abrufbar.

Planung/Lektorat: Guido Notthoff
Springer Gabler ist ein Imprint der eingetragenen Gesellschaft Springer Fachmedien Wiesbaden GmbH und ist ein Teil von Springer Nature.
Die Anschrift der Gesellschaft ist: Abraham-Lincoln-Str. 46, 65189 Wiesbaden, Germany

Was Sie in diesem *essential* finden können

- Überblick über mögliche Genres und Erlösmodelle in der Games-Branche
- Analyse der Erlösmodelle der umsatzstärksten Spiele der wichtigsten Genres
- Handlungsempfehlungen für Spielehersteller zur Gestaltung ihrer Erlösmodelle

Inhaltsverzeichnis

1.1 Einführung in die Games-Branche

Während der Corona-Pandemie erlebte die Games-Branche einen immensen Aufschwung: Durch den Lockdown waren sämtliche Beschäftigungen außerhalb des Hauses eingeschränkt, sodass die Spiele, welche heutzutage auch über das Internet zur Verfügung stehen, eine willkommene Unterhaltung und Ablenkung in dieser Ausnahmesituation boten (Smith, 2020). Im Jahr 2021 sind dabei weltweit ca. 3,2 Mrd. Menschen durch das Spielen der Produkte in direkten Kontakt mit der Branche gekommen (DFCInt, 2021). Bis 2030 soll der Wert – unabhängig von solchen Ausnahmesituationen – auf 4,5 Mrd. Menschen ansteigen (Microsoft News Center, 2022).

In der Games-Branche wird ein Umsatz von über 150 Mrd. US$ pro Jahr generiert (Tenzer, 2022). Gespielt werden kann grundsätzlich auf einem Computer, einer Konsole oder mobilen Geräten wie Smartphone und Tablet. Besonders mobile Geräte machen das Spielen für viele Menschen zugänglich: Die Spiele auf Smartphone und Tablet haben einen Anteil in Höhe von 52 % am Bruttoerlös des Gaming-Markts, wohingegen Konsolen- und PC-Spiele 47 % beitragen. Der Restanteil von 1 % wird durch Browser-Games generiert (Clement, 2022a).

Die Games-Branche ist die größte und am schnellsten wachsende Form der Unterhaltungsindustrie (Microsoft News Center, 2022). Beispielsweise waren im August 2021 1.005.051 Gaming Apps im „Apple App Store" erhältlich (Ceci, 2021). Dieser App Store stellt dabei nur eine Möglichkeit dar, Spiele herzunterzuladen. So gibt es weitere Internet-Vertriebsplattformen, die diese Zahl und damit das Sortiment an Spielen auf deutlich mehr als eine Million unterschiedliche Produkte erweitern.

F. Dühr und M. Broens, *Erlösmodelle in der Games-Branche*, essentials, https://doi.org/10.1007/978-3-658-40999-9_1

1.2 Problemstellung, Zielsetzung und Forschungsfragen der Arbeit

Die hohen Umsätze der Games-Branche ergeben sich nicht ausschließlich durch den Verkauf der zahlreichen Produkte. Stattdessen bieten sich innerhalb der Spiele weitere Möglichkeiten an, Erlöse zu generieren: Durch den Gebrauch des Internets besteht die Möglichkeit während des Spielens weitere Produkte und Inhalte über das Internet zu erwerben, herunterzuladen und freizuschalten (Gatignon et al., 2017, S. 85). Die Unternehmen der Branche müssen somit bei jedem Produkt Chancen und Risiken für eine geeignete Kombination von Erlöselementen abwägen, die auf das Wesen des Produkts zugeschnitten ist, um dem wirtschaftlichen Ziel der Gewinnmaximierung nachzukommen (Dubosson-Torbay et al., 2001, S. 7).

Im Rahmen dieser Arbeit soll die Bedeutung und Verwendung der unterschiedlichen Arten der Erlösgenerierung innerhalb der Games-Branche unter Einbeziehung der wesentlichen Produkttypen bzw. Genres untersucht werden. Mittels einer quantitativen Querschnittsanalyse ist das Ziel der Arbeit, etwaige typische und besondere Kombinationen von bestimmten Erlöselementen mit spezifischen Produkttypen bzw. Genres und von bestimmten Erlöselementen im Allgemeinen zu identifizieren, die als Benchmark und Grundlage für Handlungsempfehlungen für Spielehersteller dienen. Die Arbeit verfolgt somit die Beantwortung von folgenden Forschungsfragen:

1. Welche Erlöselemente kommen bei den umsatzstärksten Spielen der umsatzstärksten Genres zum Einsatz?
2. Welche Unterschiede und Gemeinsamkeiten ergeben sich innerhalb eines Genres und gegenüber anderen Genres?

1.3 Überblick

Um diese Fragen zu beantworten, wird zunächst in Kap. 2 eine begriffliche Grundlage für diese Arbeit geschaffen: Relevante Begriffe werden erläutert und gegenüber weiteren Begriffen abgegrenzt. Fokussiert wird sich dabei auf die Games-Branche sowie auf die Begriffe „Geschäftsmodell" und „Erlösmodell". Zudem wird die Games-Branche hinsichtlich technischer Eigenschaften eingegrenzt sowie anhand weiterer Produkteigenschaften segmentiert. Die dadurch entstehenden produktspezifischen Segmente werden genauer erläutert, da sie unterschiedliche Zielgruppen ansprechen und sich in Verbindung mit dem Wesen des Produkts in ihrer Erlösgenerierung potenziell unterscheiden. Ebenfalls werden die Geschäftsmodelle innerhalb der Games-Branche kategorisiert. Anhand der Ergebnisse und unter Einbindung weiterer Literatur werden die Methoden der Erlösgenerierung in der Games-Branche untersucht. Hierbei werden Erlöselemente identifiziert und klassifiziert. Die herausgestellten Erlöselemente werden anhand ihrer wesentlichen Eigenschaften beschrieben und den Geschäftsmodellen zugeordnet.

In Kap. 3 wird die Forschungsmethodik für die Untersuchung in Form einer quantitativen Querschnittsanalyse erklärt, die Rahmenbedingungen für die Untersuchung werden festgelegt und das Vorgehen erläutert.

Im Anschluss werden in Kap. 4 die Forschungsergebnisse der Untersuchung vorgestellt. Die Ergebnisse für jeden Produkttyp bzw. jedes Genre werden in segmentspezifischen Tabellen abgebildet sowie abschließend zusammengefasst und segmentübergreifend dargestellt.

Im darauffolgenden Kap. 5 werden die Ergebnisse aus der Untersuchung interpretiert und neue Kenntnisse für einzelne Segmente, übergreifend für mehrere Segmente und für den gesamten Markt gewonnen. Darüber hinaus werden Handlungsempfehlungen für Unternehmen in der Games-Branche abgeleitet.

Im abschließenden Fazit (Kap. 6) werden die gewonnenen Erkenntnisse unter kritischer Betrachtung eingegrenzt und Bereiche für die zukünftige Forschung auf diesem Gebiet beleuchtet.

Theoretische Grundlagen 2

2.1 Begriff: Games-Branche

Die Games-Branche gehört der Unterhaltungsbranche an. Sie beschäftigt sich mit der Entwicklung, Produktion und Vermarktung von Spielen für Konsolen, PCs oder mobile Geräte wie dem Smartphone oder Tablet. Führende Marktteilnehmer sind „Tencent Holdings Ltd.", die „Sony Group Corporation" und die „Microsoft Corporation" (Microsoft News Center, 2022).

Bei den Grundprodukten kann die physische und digitale Form unterschieden werden. Ein physisches Produkt auf einem Speichermedium (z. B. CD bzw. DVD) wird heutzutage immer weniger angeboten. Im Jahr 2020 wurden beispielsweise auf der größten Internetvertriebsplattform (Distributor) für PC-Spiele „Steam" (CompareCamp.com, 2020) 10.263 neue Produkte zum Download veröffentlicht (Clement, 2022b), wodurch bereits in Bezug auf die Lagerfähigkeit und die hohe Diversität bewusst wird, dass nicht jedes Produkt im Einzelhandel aufgenommen werden kann. Weitere Plattformen bieten dennoch zahlreiche andere Produkte für den Computer an. Aber auch die Publisher für Konsolen-Videospiele konzentrieren sich immer mehr auf ihre eigenen Vertriebsplattformen (Farhana & Swietlicki, 2020, S. 20). Spiele für mobile Geräte werden ohnehin ausschließlich digital angeboten. Die Branche beschränkt sich jedoch nicht nur auf die eigentlichen Spiele, sondern bezieht sich parallel auf weitere Produkte, die mit dem Spiel in direkter Verbindung stehen. Dazu gehören ergänzende Inhalte, digitale Gegenstände und Dienste im Rahmen des Hauptprodukts.

Bei branchenübergreifenden Produkten bzw. Produkten, bei denen die Videospiele Teil eines Franchises mit Filmen, Serien, oder Sammelkartenspielen sind, sind nur die Videospiele der Games-Branche zuzuordnen. So umfasst beispielsweise das Pokémon-Franchise des japanischen Softwareentwicklers GAME

F. Dühr und M. Broens, *Erlösmodelle in der Games-Branche*, essentials, https://doi.org/10.1007/978-3-658-40999-9_2

FREAK inc. neben Videospielen und Mobile Games, Mangas, Animes (Serie und Filme), Sammelkarten, Sammelfiguren und Musik, aber auch weitere Merchandise-Artikel wie Plüschtiere (vgl. The Pokémon Company, 2022). Auch die Dienste Dritter, wie z. B. die Hilfe von Spielern bei der Bewältigung von Herausforderungen in Spielen oder Hacking-Diensten, werden grundsätzlich nicht hinzugezählt, da diese Erlöse nicht durch das Grundspiel, sondern durch die Dienste eines Dritten generiert werden, sodass dieser die Erlöse erhält.

2.2 Begriff: Geschäftsmodell

Da das Erlösmodell ein Teil des Geschäftsmodells ist (Dubosson-Torbay et al., 2001, S. 7), werden zunächst der Begriff und Inhalte eines Geschäftsmodells beleuchtet.

Um die Bedeutung des Geschäftsmodells herauszustellen, hat Schallmo (2018) unterschiedliche Definitionen über Geschäftsmodelle zusammengetragen und auf Gemeinsamkeiten untersucht. Die zusammengefassten Kenntnisse ergaben, dass keine einheitliche Definition für den Begriff Geschäftsmodell vorliegt, sodass dieser eine eigene formulierte. Nach dieser Definition ist das Geschäftsmodell „die Grundlogik eines Unternehmens, die beschreibt, welcher Nutzen auf welche Weise für Kunden und Partner gestiftet wird […] [und] wie der gestiftete Nutzen in Form von Umsätzen an das Unternehmen zurückfließt" (Schallmo, 2018, S. 18). Es gibt dabei fünf Dimensionen: Die Kundendimension, die Nutzendimension, die Wertschöpfungsdimension, die Partnerdimension und die Finanzdimension. Die Dimensionen bestehen aus Elementen, wobei diese bei der Erstellung des Geschäftsmodells komplementär zueinander aufgestellt sein sollten, sodass diese positiv miteinander wechselwirken (Schallmo, 2018, S. 18).

Dubosson-Torbay et al. beschäftigen sich mit einem ähnlichen Ansatz zum Aufbau eines Geschäftsmodells im E-Business, das sich hier aus vier Komponenten zusammensetzt (Dubosson-Torbay et al., 2001, S. 3 ff.):

1. Die Produktinnovation mit den Elementen Nutzenversprechen (Produkt mit Funktionalität und Wert, den die Kunden erhalten sollten), Zielgruppe (jedes Produkt spricht eine unterschiedliche Zielgruppe an, die festgelegt werden muss) und den Fähigkeiten, das Nutzenversprechen an die Zielgruppe tatsächlich zu erfüllen.
2. Die Kundenbeziehung, bestehend aus Kundenverständnis (Informationen und Wissen über die Bedürfnisse der Kunden und wie diese befriedigt werden

können), Kundenservice (Erfüllen der Bedürfnisse und weitere Unterstützung) und dem Branding (Herstellung der Marke und Werten).

3. Die Infrastruktur, welche sich zusammensetzt aus Ressourcen/Kapital, Aktivitäten/Prozesse (die zur Wertschöpfung beitragen) und ein Partnernetzwerk (Partnerschaften mit beispielsweise Lieferanten und Dienstleistern).

4. Die Finanzkomponente, in der Erlöse, Kosten und Gewinne betrachtet werden.

Das Erlösmodell, welches ein Teil des Geschäftsmodells ist, findet sich in der Finanzdimension bzw. -komponente bei den Erlösen wieder. An dieser Stelle wird der vom Unternehmen hergestellte Wert in Geld umgewandelt, sodass Erlöse erzielt werden.

2.3 Begriff: Erlösmodell

Nachdem eine Einordnung des Erlösmodells in das Geschäftsmodell erfolgt ist, wird sich nun mit dem Begriff und Inhalten eines Erlösmodells beschäftigt. Eine zu dem Kontext dieser Arbeit passende Aussage über das Erlösmodell stammt von Zerdick et al. Diese nehmen Bezug auf die Medien- und Kommunikations-Sektoren und sagen aus, dass „die Frage, wie und in welcher Höhe Erlöse [...] erzielt werden sollen", zu den wichtigsten Entscheidungen eines Unternehmens gehört (2001, S. 25).

Die Erlösgenerierung besteht demnach aus zwei Schritten. Der erste Schritt ist eine Grundsatzentscheidung über die Erlösmodelle. Hier geht es um die Festlegung, auf welche Art und Weise Erlöse generiert werden. Ein Erlösmodell beschreibt somit die generelle Methode, wie Erlöse generiert werden und es kann aus einer Kombination von Erlöselemente bestehen. Es gibt einen Rahmen vor und beantwortet den Wie-Teil der von Zerdick et al. aufgegriffenen Frage. Erst im zweiten Schritt kommt es zur Festlegung der Höhe von den Preisen und weiteren preispolitischen Entscheidungen. Das Erlösmodell ist infolge dieser Erkenntnis abzugrenzen von der Preispolitik (Zerdick et al., 2001, S. 25 f.).

Generell gilt hierbei im Hinblick auf das Ziel der Erlösmaximierung, dass das Erlösmodell und auch die Preispolitik nicht willkürlich, sondern in Einklang mit dem Produkt und seinen Eigenschaften zu bestimmen sind (Dubosson-Torbay et al., 2001, S. 7). Die Eigenschaften eines Produktes sind hier folglich von wesentlicher Bedeutung. Zudem vereinen die Produkteigenschaften Interessengruppen, wodurch sie den Markt indirekt psychographisch segmentieren (Meffert et al., 2019, S. 223).

2.4   Produktarten in der Games-Branche

Angesichts Notwendigkeit der Anpassung des Erlösmodells an das Produkt, werden im Folgenden die wesentlichen Produkttypen der Games-Branche herausgearbeitet. Hierzu erfolgt eine Unterscheidung nach technischen Gegebenheiten und nach Genres, d. h. inhaltlichen Eigenschaften.

2.4.1   Unterteilung der Produkte hinsichtlich ihrer technischen Gegebenheiten

Massarczyk et al. nehmen eine Abgrenzung von Produkten, die eine permanente Internetverbindung zwanghaft voraussetzen, gegenüber Produkten vor, die diese nicht benötigen (Massarczyk et al., 2019, S. 480). Das Internet hat hier eine Vielzahl an neuen Erlöselementen ermöglicht. Eine nicht vorausgesetzte permanente Internetverbindung stellt hingegen eine technische Einschränkung dar, die den Einsatz von den durch das Internet ermöglichten Erlöselementen zwangsläufig einschränkt und somit noch vor der Segmentierung des Marktes nach Produkteigenschaften betrachtet werden muss.

Produkte mit vorausgesetzter Internetverbindung
Die Spiele mit vorausgesetzter Internetverbindung legen ihren Fokus häufig auf das Spielen mit anderen Spielern (Hellström et al., 2012). Diese Produkte werden aufgrund ihrer technischen Eigenschaft als Online-Spiele oder aufgrund ihrer Spielweise als Mehrspieler-Produkte bezeichnet.

Die Internetverbindung dient jedoch nicht nur der Interaktion und Kommunikation der Spieler miteinander, sondern ermöglicht die Überprüfung des Softwareschlüssels von dem Account des Nutzers, wodurch das Risiko auf Softwarepiraterie reduziert werden kann. Zudem gewährleistet sie auch einen einfachen Zugriff der Entwickler auf das Produkt. Dadurch können Fehler behoben werden und neue Inhalte hinzugefügt werden. Gerade letzteres ist aus wirtschaftlicher Sicht für die Spielehersteller notwendig, um für bestehende und neue Spieler interessant zu bleiben. Gleichzeitig entstehen hierfür fortlaufende Entwicklungskosten, vor allem in Form von Personalkosten (Massarczyk et al., 2019, S. 484 ff.).

Produkte ohne vorausgesetzte Internetverbindung
Im Umkehrschluss können ohne Internetverbindung Interaktion und Kommunikation mehrerer Spieler miteinander nicht oder nur stark begrenzt (Splitscreens, LAN-Verbindungen) ausgeführt werden, sodass das Einzelspiel im Vordergrund steht. Die Produkte werden als Einzelspieler-Produkte oder Offline-Spiele bezeichnet.

Mangels Internetverbindung ist es hier kaum möglich Softwarepiraterie zu verhindern. Auch können im Nachhinein durch den Spielehersteller Fehler nicht direkt behoben werden oder Inhalte hinzugefügt werden. Auf diesen Merkmalen aufbauende Erlöselemente können also nicht eingesetzt werden (Massarczyk et al., 2019, S. 484 ff.)

2.4.2 Unterteilung der Produkte hinsichtlich ihrer Genres

Die Online-Spiele verfügen durch die konstante Verbindung zum Internet über weitere Möglichkeiten, Erlöse zu generieren. Sie stehen damit im Vordergrund bei der weiteren Behandlung der Erlöselemente. Im Folgenden wird der Games-Markt hinsichtlich der Genres in Teilmärkte untergliedert, da diese die wesentlichen Produkteigenschaften verkörpern.

In der Literatur ist die Bestimmung der Genres zumeist umstritten. So führt Crawford (1997) „Skill and Action"-Games und „Strategy Games" als Genres aus (Kap. 3, S. 2 ff.). Diese untergliedert Crawford wiederum in „Combat", „Sport", „Paddle", „Race", „Miscellaneous Games" und „Adventures" bzw. in „Dungeons & Dragons Games", „Wargames", „Games of Chance", „Educational and Children's" und „Interpersonal Games". Nach Schröder (2019) erwähnt Wolf dahingegen 42 Genres, sodass sich „darüber Spiele präziser einordnen lassen" (S. 115). Des Weiteren erwähnt Schröder, dass nach Wolf kein Produkt einem einzigen Genre klar zugeordnet werden kann. Stattdessen weisen Spiele die Eigenschaften vieler Genres auf, wobei die Eigenschaften weniger bestimmter Genres am meisten vertreten sind und dieses Genre im Endeffekt bei dem jeweiligen Produkt hervorsticht.

Um Produkte möglichst eindeutig zuordnen zu können, wird im Folgenden eine grobe Gliederung gewählt, die sich sowohl an den in der Marktforschung als auch von diversen Vertriebsplattformen verwendeten Einteilungen orientiert. Beispielsweise werden von Kunst die Genres Strategie, Action (teilweise in Kombination mit Adventure), Simulation und Gelegenheitsspiel, Rollenspiel sowie Sport und Shooter verwendet (Kunst, 2022), wohingegen der Google Play Store eine Einteilung in Action, (Renn-)Sport, Rollenspiel, Strategie sowie diverser Kategorien, die sich unter Gelegenheitsspiele zusammenfassen lassen, vorsieht. Folgende Gliederung, die für die weitere Arbeit genutzt wird, mit den zugehörigen Marktanteilen der Genres lässt sich einem Marktüberblick des Marktforschungsunternehmens Sensor Tower entnehmen, die Genres sind absteigend ihrer Marktanteile geordnet: Rollenspiele 28,2 %; Casual/Gelegenheitsspiele 26 % (mit Casinosimulationen zusammen 35 %); Strategiespiele 20,4 %; Shooter-Spiele 7,2 %; Sportspiele 5 %; Action-Spiele 4,2 % (Sensor Tower, 2021, S. 7). Die vier umsatzstärksten Segmente decken zusammen mehr als 90 % des Marktes ab. Im Folgenden werden diese vier Segmente genauer betrachtet und voneinander abgegrenzt.

Rollenspiele

In einem Rollenspiel nimmt der Spieler die Rolle eines vorbestimmten Charakters ein. Mit diesem erfüllt er verschiedene Aufgaben und läuft eine bestimmte Handlung ab (Wolf, 2001, S. 13 f.). Der Spieler kann dabei unterschiedliche Wege einschlagen, sodass in einem Online-Rollenspiel jeder Spieler unterschiedliche Erfahrung macht (Hellström et al., 2012). Der Charakter bzw. Avatar kann Erfahrungspunkte sammeln und sich weiterentwickeln, dadurch schaltet er neue Fähigkeiten frei und erlangt Ausrüstungsgegenstände. Darüber hinaus gehören grundsätzlich das Erkunden der Spielwelt und das Besiegen von Gegnern zu den wesentlichen Aspekten eines Rollenspiels (Schröder, 2019, S. 100 ff.).

Gelegenheitsspiele

Grundsätzlich spaltet sich dieses Genre in weitere Subgenres auf. Puzzle, Arcade-, Brett-, und Kartenspiele sind Subgenres. Auch Simulationen, Lifestyle-Spiele und Geolocation AR-Spiele finden sich in diesem Genre wieder (Sensor Tower, 2021, S. 4). Das Gelegenheitsgenre scheint somit sehr vielfältig zu sein, weist jedoch einige spezifische Eigenschaften auf, wodurch sich die Produkte des Genres identifizieren lassen. Ein Gelegenheitsspiel hat den Zweck, in kurzen Pausen zu unterhalten und abzulenken. Sie können aufgrund ihrer geringen Speichergröße innerhalb von kurzer Zeit heruntergeladen werden und sind leicht zu erlernen (Russoniello et al., 2009, S. 53). Im Umkehrschluss sind die Produkte daher so aufgebaut, dass Ziele in einer kurzen Zeit erreicht werden können oder das Spiel automatisch im Hintergrund weiterläuft. Das Produkt wird aktiv jedoch nur bei Gelegenheit genutzt und typischerweise nicht über mehrere Stunden am Stück.

Strategie

Das Strategie-Genre unterteilt sich in viele sehr unterschiedliche Subgenres, die sich auch in ihrer Spielweise grundlegend unterscheiden. Einige Spiele werden mit Karten gespielt, andere durch die Kontrolle eines Königreichs und wieder andere mit spielbaren Charakteren (Sensor Tower, 2021). In jedem Spiel muss eine große Anzahl an Entscheidungen getroffen werden, die sich auf die Spielweise auswirken und miteinander wechselwirken (Mahlmann, 2013, S. 17 ff.). Dabei beziehen sich die Entscheidungen häufig auf „wirtschaftliche Entwicklung, Forschungsförderung, Landerkundung und Handelsbeziehungen" innerhalb des Spiels (Kraam-Aulenbach, 2002, S. 21). Gespielt wird gegen den Computer oder online gegen andere Spieler. Die Strategiespiele laufen abhängig von dem jeweiligen Produkt rundenbasiert oder in Echtzeit ab (Kraam-Aulenbach, 2002, S. 34). Das aktuell am schnellsten wachsende Subgenre ist das MOBA (Multiplayer Online Battle Arena) (Sensor Tower, 2021, S. 9). Bei einem MOBA kämpfen Teams bestehend aus zumeist fünf Spielern in einer Arena bzw. auf einem Kampffeld in Echtzeit um strategische Objekte wie z. B. Verteidigungstürme (Sensor Tower, 2021, S. 7).

Shooter
Dieses Genre hat das Schießen auf und Ausschalten von Gegnern zum Gegenstand (Wolf, 2001). Auch hier gibt es Subgenres, die das spezifische Ziel präziser beschreiben. Das First-Person-Shooter-Subgenre verkörpert das klassische Shooter-Spiel aus der Egoperspektive. Der Spieler tritt alleine oder im Team gegen andere Spieler in unterschiedlichen, nicht näher bestimmten Spielmodi an. Bei dem Battle Royale-Subgenre kämpfen Spieler alleine oder zusammen in Teams gegen andere Spieler, bis alle außer das dann siegreiche Team ausgeschaltet wurden. Ein Taktik-Shooter verbindet das Shooter-Genre mit dem Strategie-Genre. Dabei kämpfen grundlegend zwei Teams über mehrere Runden in einer Arena mit strategisch nutzbaren Objekten gegeneinander. Ein Team hat eine Runde gewonnen, wenn dem gegnerischen Team keine kampffähigen Spieler verbleiben oder eine bestimmte Spielbedingung erfüllt wurde (Sensor Tower, 2021).

2.5   Geschäftsmodelle in der Games-Branche

Wie bereits in Abschn. 2.2 gezeigt wurde, ist das Erlösmodell Teil des Geschäftsmodells. Eine Art, Geschäftsmodelle in der Games-Branche zu klassifizieren, ist, sie aus der Kundensicht zu betrachten. Die Geschäftsmodelle in der Games-Branche lassen sich nach Massarczyk et al. aus Kundensicht erlösorientiert gliedern in „Free-to-Play" (F2P), „Buy-to-Play" (B2P) und „Pay-to-Play" (P2P) (Massarczyk et al., 2019, S. 484). „Pay-to-Win" ist hingegen nicht als eigenständiges Geschäftsmodellen anzusehen, da es ein Zusatz zum Geschäftsmodell ist, der für das vorteilhafte Bezahlen bzw. wortwörtlich für das Bezahlen zum Gewinnen steht. So kann jedes der drei genannten Modelle durch das Verkaufen von Vorteilen den negativ konnotierten Zusatz „Pay-to-Win" erlangen (Massarczyk et al., 2019, S. 484). Die drei genannten Geschäftsmodelle werden im Folgenden kurz vorgestellt.

Free-to-Play

Bei dem Free-to-Play-Modell bzw. dem Freemium-Modell geht es um das für den Kunden kostenlose Herunterladen und Nutzen des Produkts (Holstein, 2019, S. 43). Hier werden somit beim Download keine Erlöse generiert und auch für die Nutzung keine Kosten erhoben. Folglich müssen hier Erlöselemente eingesetzt werden, die den Kunden nicht dazu verpflichten, etwas zu bezahlen, um das Produkt nutzen zu können.

Das Modell hat den Vorteil, dass eine Vielzahl an Kunden angelockt wird, da sämtliche Eintrittsbarrieren entfernt werden. So muss ausschließlich ein Account erstellt werden, damit das Spiel online genutzt werden kann. Ein weiterer Vorteil des Modells ist, dass schwierig zu erreichende Teilmärkte der Games-Branche von neuen Produkten erreicht werden können, sofern die etablierten Produkte überwiegend ein kostenpflichtiges Modell verwenden. Nachteile sind hingegen, dass ein konstanter Geldfluss trotz vieler Spieler nicht gewährleistet werden kann und auch das Risiko eingegangen werden muss, die aufgewendeten Kosten vom Produkt nicht decken zu können, weil die Spieler kein bzw. zu wenig Interesse speziell an den freiwilligen Produkten oder Diensten haben (Massarczyk et al., 2019, S. 481).

Buy-to-Play

Bei dem Geschäftsmodell Buy-to-Play steht der Kauf des Grundspiels im Vordergrund, also eine einmalige Bezahlung für das Herunterladen des Produkts oder für das Erhalten eines physischen Datenträgers mit dem Produkt. Es stellt damit einen klassischen Kauf bzw. Verkauf dar. Der Geldfluss lässt sich im Gegensatz zum Free-to-Play-Modell leichter planen, da jeder Interessent zunächst einen Einmalbetrag bezahlen muss, sodass vor allem Entwicklungskosten planbar gedeckt werden können. Der Betrag beläuft sich dabei auf durchschnittlich 30–40 €. Durch diese große Eintrittsbarriere fällt die Anzahl der Spieler jedoch generell kleiner aus. Das Buy-to-Play-Modell beschränkt sich teilweise nicht nur auf den genannten Verkauf, sondern kann weitere Erlöselemente als Ergänzung verwenden, jedoch steht der Verkauf im Vordergrund (Massarczyk et al., 2019, S. 481).

Pay-to-Play

Hier steht eine wiederkehrende Zahlung in Form eines Abonnements oder einer Subskription im Mittelpunkt. Der Vorteil ist, dass ein planbarer konstanter Geldfluss besteht. So können Serverkosten und Entwicklungskosten für weitere Inhalte ohne Finanzierungsengpässe beglichen werden. Darüber hinaus ist die Eintrittsbarriere durchschnittlich niedriger als beim Buy-to-Play-Modell. Auch hier gilt, dass weitere Erlöselemente das Modell ergänzen können (Massarczyk et al., 2019, S. 481).

2.6 Erlöselemente in der Games-Branche

Nachdem die Geschäftsmodelle in der Games-Branche aus Kundensicht vorgestellt wurden, sollen nun die genaueren Möglichkeiten betrachtet werden, in der Games-Branche Erlöse zu generieren.

In der Literatur finden sich diverse Zusammenstellungen der möglichen Erlöselemente in der Games-Branche, die in Tab. 2.1 überblickshaft dargestellt sind. Massarczyk et al. (2019), Olsson und Sidenblom (2010) sowie Farhana und Swietlicki (2020) beziehen sich hierbei explizit auf die Games-Branche, Mjörner und Bosrup (2004) schreiben über Finanzierungsmethoden einer Software im Allgemeinen. Die von den Autoren erwähnten Erlöselemente überschneiden sich in vielen Bereichen oder sind inhaltlich gleich.

Es ergeben sich hieraus die folgenden Klassifizierungen der Erlöselemente: Der Verkauf des Kernprodukts, Inhaltserweiterungen/DLCs, Mikrotransaktionen bzw. In-App-Käufe, unterschiedliche Arten an Subskriptionen, Werbung und der

Tab. 2.1 Überblick Erlöselemente in der Games-Branche

Massarczyk et al. (2019)	Olsson und Sidenblom (2010)	Farhana und Swietlicki (2020)	Mjörner und Bosrup (2004)
Einmalbezahlung (physisch/digital)	Verkauf des Produkts	Festpreis	Verkauf des Produkts
		Verkauf von Inhalten	Inhaltslieferungen
Mikrotransaktionen	Mikrotransaktionen	Mikrotransaktionen	Paid bundling, zusätzliche Güter
Subskription	Subskription	Subskription	
Werbung	Werbung	Werbung	Werbung
Informationshandel		(Informationshandel)	Informationshandel

Informationshandel. Aus Massarczyk et al. geht hervor, dass die Erlöselemente miteinander kombiniert werden können (2019, S. 484 ff.). Die einzelnen werden im Folgenden genauer erläutert.

Verkauf des Kernprodukts

Der Verkauf des Kernprodukts ist ein Erlöselement und zugleich die Basis des Geschäftsmodells „Buy-To-Play", bei dem das vollständig entwickelte Grundspiel kostenpflichtig erworben werden muss (Massarczyk et al., 2019, S. 481). Olsson und Sidenblom (2010) unterscheiden an dieser Stelle zwischen dem „Retail Model" als physischen Verkauf und dem „Digital distribution model" als virtuellen Verkauf. Beim Erwerb der virtuellen Form kann das Produkt heruntergeladen und installiert werden („Pay-to-Download"), beim Kauf eines physischen Produkts erhält der Kunde hingegen ein Speichermedium, welches die Produktdatei enthält. Dieses kann im Fachgeschäft oder über diversen Online-Händlern erworben werden und ist daher zumeist Teil des E-Business (S. 20 f.).

Inhaltserweiterungen/DLCs

DLCs (Downloadable Content) bzw. Inhaltserweiterungen können neben dem Kernprodukt in virtueller Form erworben werden und erweitern das Grundspiel (Farhana & Swietlicki, 2020, S. 39 ff.). So sind generelle Inhalte eine Fortsetzung des Grundspiels hinsichtlich der Handlung, können allerdings auch die Vorgeschichte zeigen oder das Spiel aus einer anderen Perspektive spielbar machen. Die Vielfalt einer Inhaltserweiterung ist dabei genauso unbeschränkt wie das Kernprodukt.

Mikrotransaktionen/In-App-Käufe

Nicht zu verwechseln mit den DLCs sind die Mikrotransaktionen bzw. In-App-Käufe. Bei diesem Erlöselement handelt es sich um Transaktionen, die für Produkte oder Dienste innerhalb des Kernprodukts abgeschlossen werden und sich auf dieses auswirken. Durch Echtgeld oder durch die Umwandlung von Echtgeld in eine Premium-Währung innerhalb des Spiels können kosmetische Gegenstände wie Kostüme und Hüte oder zusätzliche Gegenstände wie Fahrzeuge und Charaktere erworben werden (Olsson & Sidenblom, 2010, S. 20 ff.). Was genau erworben werden kann, variiert zwischen den unterschiedlichen Genres bzw. Spielen. Verkauft werden die Produkte oder Dienste über In-Game-Shops. Diese zeigen Angebote an und funktionieren wie ein normaler E-Shop, wobei das Sortiment auf das Spiel beschränkt ist (Massarczyk et al., 2019, S. 484 f.).

Mikrotransaktionen bzw. In-App-Käufe sind im „Free-to-Play"-Geschäftsmodell häufig das grundlegende Erlöselement. Ist der Nutzer vom Produkt überzeugt, gibt es Bonus-Funktionen, Level können übersprungen werden

oder zusätzliche Level müssen freigekauft werden. Innerhalb der Gratis-Zeit soll
der Nutzer an das Produkt gebunden werden, sodass er bereitwilliger ist, Geld für
das Produkt auszugeben (Holstein, 2019, S. 43 ff.). Neben Angeboten, bei denen
bestimmte Produkte oder Inhalte erworben werden können, werden in einigen
Spielen auch Item Crates bzw. Boxen oder Packs angeboten, die gegen Bezahlung
erworben und geöffnet werden können. Enthalten sind ein oder mehrere zufällige
digitale Gegenstände, die einen unterschiedlichen Wert von dem der Box haben
können (Xiao, 2022, S. 2). Mikrotransaktionen bzw. In-App-Käufe können aber
auch bei anderen Geschäftsmodellen als Erlöselement zum Einsatz kommen.

Arten von Subskriptionen
Bei der Subskription muss der Kunde periodisch einen Betrag bezahlen, um das Produkt oder den Dienst nutzen zu können (Olsson & Sidenblom, 2010, S. 21). Hierbei
können mit dem Pflicht-Abonnement, dem VIP-Abonnement und dem Battle-Pass
drei Erlöselemente unterschieden werden.

Pflicht-Abonnement Anderie (2020) beschreibt das Abonnement als „ein begrenz-
tes Nutzungsrecht des Videospiels" (S. 87). Das Pflicht-Abonnement ist ein
Abonnement, welches abgeschlossen werden muss, damit das Produkt benutzt werden kann. Ohne das Abonnement kann das Produkt entweder gar nicht genutzt
werden oder nur in einem begrenzten Umfang. Endet das Abonnement, ohne erneu-
ert zu werden, bleiben alle Inhalte bestehen, der Kunde hat dann allerdings bis zum
Aktivieren eines (neuen) Abonnements keinen Zugriff mehr auf die Inhalte oder
auf das Kernprodukt (Massarczyk et al., 2019, S. 481 ff.). Das Pflichtabonnement
entspricht in der Games-Branche einem klassischen Abonnement, wie es auch in
anderen Branchen beispielsweise der Medienbranche genutzt wird (Zerdick et al.,
2001, S. 27).

VIP-Abonnement Das VIP-Abonnement, im englischsprachigen Bereich „Pre-
mium tier subscription", wird im Gegensatz zum Pflicht-Abonnement nicht voraus-
gesetzt, um das Produkt nutzen zu können. Der VIP-Pass verschafft dem Spieler
besondere Boni und zusätzliche Funktionen (Holstein, 2019, S. 43). Die möglichen
Inhalte des VIP-Passes sind dabei nahezu unbegrenzt, der Fokus liegt auf Vorteilen: Ein Spieler mit VIP-Pass kann gegenüber einem Nicht-VIP-Spieler einfacher
gewinnen, falls diese aufeinandertreffen, oder generell mit weniger Schwierigkei-
ten spielen. Jeder Spielepublisher, der einen VIP-Pass anbietet, gibt unterschiedliche
Vorteile, sodass ein VIP-Pass für bestimmte Zielgruppen eventuell nicht notwendig
ist, um Nachteile auszugleichen.

Battle-Pass Der Battle-Pass wird auch Event-Pass oder Saison-Pass genannt. Er bietet keinen Vorteil und wird auch nicht zum Nutzen des Produkts benötigt. Stattdessen handelt es sich zumeist um ein digitales Produktbündel (Sauer, 2018, S. 71 ff.). Typische Inhalte sind Titel für den Namen, Gesten/Tänze, Kostüme oder eine Battle-Pass-Währung, mit der kosmetische Gegenstände erworben werden können. Der Battle-Pass bietet für eine begrenzte Zeit mit festem Start- und Endzeitpunkt ein Stufen-/Levelsystem. Der Spieler kann Stufen durch das Spielen des Grundspiels aufsteigen. In jedem Level werden unterschiedliche Inhalte vergeben. Neben dem bezahlten Battle-Pass kann ein Teil der Inhalte zumeist auch kostenlos erworben werden, wodurch der kostenpflichtige Erwerb eine Aufwertung für den kostenlosen Pass darstellt. Zudem geben einige Varianten des Battle-Passes die Möglichkeit, das ausgegebene Geld in Premium-Währung wiederzuerhalten, sodass weitere Inhalte oder der nächste Battle-Pass gekauft werden können (Sauer, 2018, S. 82 ff.).

Von den genannten Abonnements ist das Pflicht-Abonnement das einzige Element mit tatsächlichem Subskriptionscharakter. Ein Dienst oder das Benutzen des Produkts wird als Leistung zur Verfügung gestellt, als Gegenleistung erfolgt eine periodische Entrichtung des vereinbarten Entgelts. Das Pflicht-Abonnement ist folglich die Basis des „Pay-to-Play"-Geschäftsmodells. Das VIP-Abonnement und der Battle-Pass sind dagegen nur subskriptionsähnlich und können sowohl im Free-to-Play-Geschäftsmodell als auch im Buy-to-Play-Geschäftsmodell als Erlöselemente eingesetzt werden. Das VIP-Abonnement gewährt Vorteile gegen eine periodische Entgeltzahlung. Der Battle-Pass hingegen kann auch die Form einer Mikrotransaktion annehmen (Sauer, 2018, S. 84). Nach Ablauf der Zeit des Battle-Passes wird das nächste Entgelt nicht sofort entrichtet wie bei einem klassischen Abonnement, stattdessen kann der Spieler sich die neuen Inhalte des Battle-Passes anschauen und den Battle-Pass daraufhin gegebenenfalls kaufen. Auch an dieser Stelle sei noch einmal darauf hingewiesen, dass die Möglichkeit besteht, die unterschiedlichen Erlöselemente (auch die mit gleichem und unterschiedlichem Ansatz) zu kombinieren (Mjörner & Bosrup, 2004).

Werbung

Ein weiteres Erlöselement, welches aus der untersuchten Literatur hervorgeht, ist die Werbung. Bei der Werbung werden dem Nutzer eines Produkts Werbeanzeigen präsentiert. Für das Anzeigen bezahlt das Unternehmen, welches die Werbung anzeigen lässt, einen Betrag an den Anzeigenden (bzw. an den Vermittler). Dabei findet zunehmend ein Micromarketing statt, indem die Werbung immer genauer auf den einzelnen Nutzer zugeschnitten wird (Mjörner & Bosrup, 2004, S. 23).

Für das Anzeigen von Werbung werden teilweise bei einem Spiel oder einer Software Aussparungen auf den Inhaltsflächen gemacht, also leere Flächen konstruiert, die später als Anzeigeflächen dienen (Mjörner & Bosrup, 2004, S. 23). Darüber hinaus kann die Werbung in bestimmten Fällen mit dem Spielprinzip verbunden werden (Olsson & Sidenblom, 2010, S. 23): Besteht das Spielprinzip in dem Erfüllen und Aufsteigen von Stufen und Levels, kann die Video-Werbung nach jedem n-fachen Level angezeigt werden, wohingegen innerhalb der Stufen Bildanzeigen an den Rändern des Bildschirms eingearbeitet werden können. Handelt es sich hingegen um ein Minispiel, das um das Aufstellen eines Highscores geht, kann die Werbung nach Ablaufen der Spielbedingung bzw. beim Eintritt des „Game Over"/Spielendes angezeigt werden. Werbung wird besonders bei Mobile Games sehr häufig verwendet: 70,7 % aller Android Gaming Apps (Spiele im Google Play Store) und 80,4 % der iOS Gaming Apps (Spiele im Apple Store) verwenden Werbung (WePC, 2022).

Werbung kann als Erlösmodell eigenständig oder zusammen mit anderen Erlöselementen eingesetzt werden. Isoliert eingesetzt kann Werbung ein verhältnismäßig kleines Spiel finanzieren und das Produkt einer breiten Masse zugänig machen, indem es für Nutzer kostenlos ist (Holstein, 2019, S. 44 f.). In diesem Fall bildet sie die Basis in einem „Free-to-Play"-Geschäftsmodell. Zusammen mit anderen Erlöselementen kann die Werbung eingesetzt werden, um zusätzlich Erlöse zu erzeugen. Es sollte beachtet werden, dass die Werbung in Kombination mit Erlöselementen wie dem Verkauf des Kernproduktes häufig zu Akzeptanzproblemen auf den Seiten der Kunden führt (Massarczyk et al., 2019, S. 486).

Informationshandel
Bei dem Informationshandel werden Daten über Kunden gesammelt und verarbeitet. Die dadurch gewonnenen Informationen können für Unternehmen einen Marktvorteil darstellen und werden so an Interessenten verkauft. Der Informationshandel kann nicht als alleiniges Erlöselement verwendet werden, da die Erträge erwartungsgemäß zu gering sind. Einige Autoren äußern sich daher gegen das Betreiben von Informationshandel in der Games-Branche. Stattdessen gehen sie davon aus, dass die Informationen ausschließlich zu eigenen Marketing-Zwecken der Unternehmen benutzt werden (Massarczyk et al., 2019, S. 481 f.). Hier können die Informationen Prozesse optimieren, Bezüge bei Beschwerden und Umfragen schaffen, Bestellungen und Anmeldungen ermöglichen sowie weiteren unternehmensinternen Zwecken dienen. Des Weiteren werden Daten wie die E-Mail-Adresse, die Kaufhistorie und Social-Media-Webseiten für Anzeigen-Targeting über bezahlte Medien und ausgewählte Zielgruppen verwendet. Die Informationsverarbeitung und der Informationsverkauf werden grundsätzlich über einen Publisher oder Entwickler abgewickelt (Mjörner & Bosrup, 2004, S. 31 f.).

Zusammenfassung

Als wesentliche Erlöselemente in der Games-Branche haben sich damit der Verkauf des Kernprodukts, die DLCs, die In-App-Käufe, das Pflicht-, VIP-Abonnement, der Battle-Pass und die Werbung identifizieren lassen. Der Verkauf des Kernprodukts ist das Haupterlöselement des Buy-to-Play-Geschäftsmodells, während das Pflicht-Abonnement als Basis für das Pay-to-Play-Geschäftsmodell steht. Das Free-to-Play-Modell hingegen verzichtet gerade auf die Erlöselemente Verkauf des Kernprodukts und Pflicht-Abonnements. Es baut daher auf Mikrotransaktionen/In-App-Käufen, VIP-Abonnement, Battle-Pass und/oder Werbung auf. Die zuletzt genannten Erlöselemente können aber auch in das Buy- und das Pay-to-Play-Geschäftsmodell integriert werden. Eine Übersicht über die Erlöselemente, die von dem jeweiligen Geschäftsmodelltyp eingesetzt werden können, und deren nach einer Studie von Clement (2020) geschätzter Einsatz in der Games-Branche bietet Tab. 2.2.

Tab. 2.2 Überblick über Verwendung von Erlöselementen in Geschäftsmodellen

Erlöselemente	Verbindung zu den Geschäftsmodellen			Geschätzter Anteil an Spielen, die dieses Element verwenden, in % (Clement, 2020)
	F2P	B2P	P2P	
Verkauf des Kernprodukts		X		45
Inhaltserweiterungen		X		18
In-App-Käufe	X	X	X	30–52
Pflichtabonnement			X	6
VIP-Abonnement	X	X		4
Battle-Pass	X	X		Keine Daten vorhanden
Werbung	X	X	X	14

Forschungsmethodik 3

3.1 Forschungsfragen und Vorgehen

Der Zweck dieser Untersuchung wird es sein, folgende Forschungsfragen zu beantworten:

1. Welche Erlöselemente kommen bei den umsatzstärksten Spielen der umsatzstärksten Genres zum Einsatz und werden miteinander kombiniert?
2. Welche Unterschiede und Gemeinsamkeiten ergeben sich innerhalb eines Genres und gegenüber anderen Genres?

Für Forschungsfrage Nr. 1 ist nicht nur relevant, welche Erlöselemente verwendet werden, sondern auch in welcher Kombination diese auftreten und von wie vielen der untersuchten Produkte diese genutzt werden. Dabei sollen Grundsätze und verallgemeinerbare Aussagen über die Verwendung der Erlöselemente in der Games-Branche getroffen werden, sodass sich hier eine quantitative Methodik anbietet (Stock et al., 2018, S. 29). Bei Anwendung dieser können die Quellen der Erlösgenerierung von ausgewählten Produkten getrennt voneinander erfasst werden und einem Erlöselement zugeordnet werden. Auch Unterschiede und Gemeinsamkeiten zwischen den Genres können zahlenmäßig herausgestellt werden, indem die Ergebnisse zu einzelnen Produkten desselben Genres zusammengefasst werden.

Um die genannten Aspekte miteinander zu verbinden und die Forschungsfragen zu beantworten, wird eine quantitative Querschnittsanalyse genutzt, die den aktuellen Stand beleuchtet (Döring, 2016, S. 210 ff.). Querschnittstudien beziehen sich auf einen speziellen Messzeitpunkt. Die Messung wird dabei nur zu diesem Zeitpunkt durchgeführt und wird nicht zu einem anderen Zeitpunkt wiederholt.

© Der/die Autor(en), exklusiv lizenziert an Springer Fachmedien Wiesbaden GmbH, ein Teil von Springer Nature 2023
F. Dühr und M. Broens, *Erlösmodelle in der Games-Branche*, essentials,
https://doi.org/10.1007/978-3-658-40999-9_3

Die einzelnen Elemente der Stichprobe werden dann untereinander verglichen. In dieser Untersuchung werden somit Produkte, die den einzelnen Genres und damit Marktsegmenten zugeordnet werden, zum aktuellen Zeitpunkt untersucht und hinsichtlich ihrer Erlöselemente gegenübergestellt. Dabei gilt, dass die umsatzstärksten Spiele in den umsatzstärksten Genres untersucht werden sollen, sodass die vier in Abschn. 2.4.2 genannten Genres mit dem höchsten Marktanteil als Segmente gewählt werden: Rollenspiele, Gelegenheitsspiele, Strategiespiele und Shooter.

Bei der Zuordnung zu den Genres bei der Auswahl der Produkte kann es vorkommen, dass einige umsatzstarke Spiele nicht beachtet werden können, da sie einem anderen als den vier genannten Genres angehören oder sie aufgrund besonderer Eigenschaften keinem der genannten Genres zugeordnet werden können. Zudem werden aufgrund der Erkenntnisse aus Abschn. 2.4.1 Produkte, die keine Internetverbindung zum Spielen benötigen, nicht berücksichtigt, da sie bei der Erstellung ihrer Erlösmodelle auf die Erlöselemente Verkauf des Kernprodukts und Inhaltserweiterungen beschränkt sind.

Die Erlöselemente, auf die die Produkte in der Untersuchung überprüft werden, entsprechen den in Abschn. 2.6 aufgezeigten wesentlichen Erlöselementen: Verkauf des Kernprodukts, Inhaltserweiterungen als DLC, In-App-Käufe, Pflicht-Abonnement, VIP-Abonnement, Battle-Pass und Werbung. Ergänzend sollen unter „Weitere Erlösgenerierung" etwaige Erlöselemente erfasst werden, die sich den genannten Elementen nicht zuordnen lassen.

3.2   Auswahl der Untersuchungsobjekte

Die Auswahl der Produkte und damit der Untersuchungsobjekte soll erfolgen, indem der Bruttoerlös als Erfolgsfaktor dient und von jedem Genre die sechs erfolgreichsten Produkte einbezogen werden. Die 24 untersuchten Produkte haben dabei einen Anteil von mehr als 20 % an dem Umsatz der Games-Branche. Da die Querschnittsanalyse einen bestimmten Zeitpunkt erfasst und die Ergebnisse zu verwendeten Erlöselementen aufgrund der dynamischen Entwicklung der Branche aktuell sein müssen, werden die Produkte innerhalb ihres Genres anhand des Bruttoerlöses – je nach Datenverfügbarkeit – in einem zeitnahen Jahr bzw. Zeitraum bestimmt. In Tab. 3.1 werden die ausgewählten Produkte dargestellt.

Tab. 3.1 Auswahl der Produkte für die Untersuchung

Titel des Produkts	Bruttoerlös in US-Dollar, Jahr	Datenbank/Quelle
Rollenspiel-Genre		
Genshin Impact	≈ 2 Mrd., 2021	(Rousseau, 2022)
World of Warcraft	≈ 2 Mrd., 2017	(Leack, 2017)
Lineage W	298 Mio., 1. Quartal seit Veröffentlichung 04.11.2021	(Bae, 2022)
Lost Ark	380 Mio., 2021	(newsroom.smilegate, 2022)
Elder Scrolls Online	Keinen direkten Wert, im Vergleich zu Final Fantasy XIV höheren Gesamtumsatz	(Steam, 2021)
Final Fantasy XIV	105,8 Mio., 1. Quartal 2021	(Bonthuys, 2021)
Gelegenheits-Genre		
Roblox	2,29 Mrd., 2020	Statista (Clement, 2022c)
Pokémon GO	1,92 Mrd., 2020	Statista (Clement, 2022c)
Candy Crush Saga	1,66 Mrd., 2020	Statista (Clement, 2022c)
AFK Arena	1,45 Mrd., 2020	Statista (Clement, 2022c)
Gardenscapes: New Acres	1,43 Mrd., 2020	Statista (Clement, 2022c)
Monster Strike	958 Mio., 2020	(Sinclair, 2020)
Strategie-Genre		
Honor of Kings	2,45 Mrd., 2020	Statista (Clement, 2022c)
League of Legends	1,75 Mrd., 2020	Statista (Clement, 2022c)
Clash of Clans	490 Mio., 2021	Statista (Clement, 2022d)
Dota 2	406 Mio., 2017	(Gough, 2022)
Brawl Stars	320 Mio., Jan.–Aug. 2021	(Sensor Tower, 2021)
Mobile Legends: Bang Bang	220 Mio., Jan.–Aug. 2021	(Sensor Tower, 2021)
Shooter-Genre		
Fortnite	5,1 Mrd., 2020	(Iqbal, 2022)
Peacekeeper Elite	2,32 Mrd., 2020	Statista (Clement, 2022c)
Garena Free Fire	2,13 Mrd., 2020	Statista (Clement, 2022c)
Call of Duty: Warzone	1,93 Mrd., 2021	(Mackay, 2022)
Crossfire	1,3 Mrd., 2018	(SuperData, 2021)
Apex Legends	≈ 1 Mrd., 2022	(Barker, 2022)

3.3   Vorgehen bei der Datenerhebung und Auswertung

Zunächst müssen Quellen der Erlösgenerierung von den ausgewählten Produkten identifiziert werden. Dies geschieht durch eine Produktuntersuchung, bei der durch das Nutzen des Produkts sowie durch weitere Recherchen auf offiziellen Webseiten des Produkts, der Hersteller, Entwickler und Anbieter. Jede identifizierte Quelle der Erlösgenerierung wird anhand ihrer Eigenschaften getrennt von den anderen mit den typischen Eigenschaften der in Abschn. 2.6 erläuterten Erlöselemente abgeglichen, sodass sie einem Erlöselement zugeordnet werden kann. Diese Zuordnung wird in den Ergebnistabellen festgehalten, die in Kap. 4 zu finden sind. Dafür wird in die Zelle des Produkts und des erfassten Erlöselements das entsprechende Ergebnis eingetragen. Beinhaltet eine Zelle keinen Inhalt, existiert das Erlöselement für das Produkt nicht. Darüber hinaus werden Besonderheiten bei der Verwendung des Erlöselementes in der zu dem Produkt zugehörigen Zelle stichwortartig eingetragen. Kann eine Quelle keinem Erlöselement zugeordnet werden, wird sie mit einem Begriff, der die Funktionsweise beschreibt, umschrieben und in der Zeile „Weitere Erlösgenerierung" festgehalten.

3.4   Methodenkritik

Die Untersuchung deckt mit Blick auf die Genres nahezu den gesamten Markt ab. Innerhalb der Genres kann es Subgenres geben. Sofern ein Subgenre im Trend ist, so kann es sein, dass es (nahezu) vollständig das Genre in der Stichprobe repräsentiert. Umgekehrt können Produkte aus unterschiedlichen Subgenres Teil der Gegenüberstellung sein. Letzteres kann Ursache eines uneinheitlichen Bilds der Erlöselemente sein. Aus diesem Grund werden diese beiden Aspekte, sofern sie relevant sind, bei der Auswertung berücksichtigt.

Zudem ist zu konstatieren, dass ausschließlich die marktführenden Produkte untersucht werden. Es wird daher kein Gesamtbild über sämtliche Produkte und den gesamten Markt erstellt, sondern lediglich für den erfolgreichsten Teil. Dadurch können jedoch die Erlösansätze der erfolgreichsten Produkte herausgestellt werden. Gemeinsamkeiten deuten in diesem Zusammenhang auf die Ansätze hin, denen aufgrund ihrer hohen Relevanz Beachtung gewidmet werden sollte.

Ein weiterer Kritikpunkt sind die Kategorien für die Erlöselemente. Beispielsweise können In-App-Käufe untergliedert werden in kosmetische und mit

Vorteilen verbundene Mikrotransaktionen. Um diese Feinheiten zu berücksichtigen, werden die aus der Untersuchung erhaltenen Besonderheiten – wie in Abschn. 3.3 geschildert – in den Ergebnistabellen notiert und so beim Auswerten beachtet.

Schließlich ist noch darauf hinzuweisen, dass zwar die verwendeten Erlöselemente untersucht werden, allerdings nicht deren prozentualer Anteil an den gesamten Erlösen der betrachteten Produkte angegeben werden kann. Hierbei handelt es sich um typischerweise nicht veröffentlichte Daten der Spielehersteller bzw. -plattformen.

4.1 Rollenspiel-Genre

Die in Tab. 4.1 dargestellten Forschungsergebnisse im Rollenspiel-Genre zeigen, dass mit Ausnahme des Battle-Passes das Rollenspiel-Genre jedes der untersuchten Erlöselemente verwendet, jedoch in unterschiedlicher Kombination miteinander. So verzichten Genshin Impact, Lineage W und Lost Ark auf die Erlöselemente Verkauf des Kernprodukts, Inhaltserweiterungen, Pflicht-Abonnement und Battle-Pass (sowie Werbung bei Genshin Impact und Lineage W). Stattdessen konzentrieren sie sich auf die Erlöselemente In-App-Käufe und VIP-Abonnement, wobei das VIP-Abonnement teilweise die Form eines Battle-Passes (Levelsystem) annimmt. Aufgrund der im Mittelpunkt stehenden Vorteile wird dieses Erlöselement jedoch dem VIP-Abonnement zugeordnet. Im Gegensatz dazu werden Spieler bei den anderen Produkten dazu verpflichtet, für einige Inhalte zu zahlen. Bei World of Warcraft muss der Spieler jede Inhaltserweiterung erwerben, an der er teilhaben möchte, zusätzlich muss ein Pflicht-Abonnement abgeschlossen werden. Bei Final Fantasy XIV muss außerdem das Kernprodukt erworben werden. Elder Scrolls Online weist dabei dieselben Erlöselemente wie Final Fantasy XIV auf, jedoch wird das Pflicht-Abonnement durch ein tatsächliches VIP-Abonnement ersetzt. Darüber hinaus verwenden Lost Ark, World of Warcraft, Elder Scrolls Online und Final Fantasy XIV Werbung auf offiziellen Turnieren zu den jeweiligen Produkten.

Zwei dieser Produkte (Lost Ark und World of Warcraft) erheben eine Transaktionsgebühr auf das Handeln von In-Game-Gegenständen mit einer Premium-Währung, die durch Echtgeld erworben werden kann, sodass echte Transaktionsgebühren als weiteres Erlöselement entstehen. Bei drei weiteren Spielen (Lineage W, Elder Scrolls Online und Final Fantasy XIV) gibt es zwar

F. Dühr und M. Broens, *Erlösmodelle in der Games-Branche*, essentials,
https://doi.org/10.1007/978-3-658-40999-9_4

Tab. 4.1 Forschungsergebnisse im Rollenspiel-Genre

	Genshin Impact (Jahr der Veröffent-lichung des Spiels: 2020)	Lineage W (2021)	Lost Ark (2019)	World of Warcraft (2004)	Elder Scrolls Online (2014)	Final Fantasy XIV (2010)
Verkauf des Kern-produkts					Vorhanden	Vorhanden
Inhaltser-weiterungen als DLC				Aktuelle + kommende Erweiterung	Jede Erweiterung	Jede Erweiterung
In-App-Käufe	Premium-Währung	Premium-Währung	Premium-Währung	Premium-Währung	Premium-Währung	Premium-Währung
	Kosmetisches	Kosmetisches	Kosmetisches	Kosmetisches	Kosmetisches	Kosmetisches
	Vorteile	Vorteile	Vorteile		(Vorteile)	
Pflicht-Abonnement				Vorhanden		Vorhanden
VIP-Abonnement	Vorhanden	Vorhanden	Vorhanden		Vorhanden	
Battle-Pass						
Werbung		Vorhanden	Vorhanden	Vorhanden	Vorhanden	Vorhanden
Weitere Erlöse-nerierung	Accountbezogene Dienste	Game-Transaktionsgebühren Accountbezogene Dienste	Game-Transaktionsgebühren Accountbezogene Dienste	Game-Transaktionsgebühren Accountbezogene Dienste	Accountbezogene Dienste	Accountbezogene Dienste

auch eine solche Transaktionsgebühr, jedoch wird diese rein über eine im Spiel erspielbare digitale Währung abgebildet, sodass hier kein Erlöselement vorliegt.

Ein weiteres Erlöselement stellen accountbezogene Dienste dar. Diese dienen dazu, den eigenen Account auf einer bestimmten Art und Weise zu verwalten und zu verändern. Typische Funktionen sind der Servertransfer oder die Namensänderung. Mit Ausnahme von Genshin Impact und Lineage W wird dieses Erlöselement bei den betrachteten Produkten eingesetzt.

In der Gesamtschau lässt sich erkennen, dass die Produkte, die auf eine verpflichtende Zahlung durch ein kostenpflichtiges Kernprodukt, eine kostenpflichtige Inhaltserweiterung oder ein Pflicht-Abonnement verzichten (Genshin Impact, Lineage W, Lost Ark), eher dazu neigen, Vorteile mittels In-App-Käufen und eines VIP-Abonnements anzubieten als die Produkte, die eine Verwendung oder Kombination aus den verpflichtenden Erlöselementen vorsehen (World of Warcraft, Elder Scrolls Online, Final Fantasy XIV). Dabei kann auch zwischen den Vorteilen unterschieden werden: In Genshin Impact können durch Mikrotransaktionen item crates bzw. Boxen und Packs erworben werden, welche die Chance auf Items und Charakteren gewährleisten. Ohne das Erwerben dieser Packs ist es praktisch nicht möglich vor allem die Charaktere maximal aufzuwerten, sodass hier ein tatsächlicher bzw. reeller Vorteil besteht. In Lineage W und Lost Ark hingegen können vorwiegend Items schneller erlangt werden. Sofern ein Spieler viel Zeit in diese Spiele investiert, kann er jedoch dieselben Ergebnisse erzeugen, sodass hier nur zeitlicher Vorteil vorliegt. Im Gegensatz zu World of Warcraft, Elder Scrolls Online und Final Fantasy XIV, bei denen Inhaltserweiterungen gekauft werden müssen, bieten Genshin Impact, Lineage W und Lost Ark kostenlose Inhaltserweiterungen, die in Kombination mit den Vorteilen einen indirekten Geldfluss bewirken: Indem die kostenlosen Inhaltserweiterungen die bisherigen Vorteile abschwächen oder komplett verfallen lassen, müssen Spieler sich neue Vorteile durch Mikrotransaktionen kaufen. In Abgrenzung zu den genannten Vorteilen gibt es in Elder Scrolls Online Zusatzfunktionen, die aber nur mit wenigen Vorteilen verbunden sind: Durch Mikrotransaktionen können unter anderem zusätzliche Lagerplätze freigeschaltet werden, damit der Spieler Gegenstände im Inventar nicht entsorgen muss, um neue aufzunehmen, sondern mehr oder unbegrenzten Platz hat. Diese Funktion stellt in ihren Beschaffenheiten keinen tatsächlichen Vorteil dar, kann sich jedoch für den Spieler als angenehm erweisen und dient somit der Bequemlichkeit.

4.2   Gelegenheitsspiel-Genre

Bei den in Tab. 4.2 dargestellten Untersuchungsergebnissen im Gelegenheitsspiel-Genre ist auffällig, dass die Erlöselemente Verkauf des Kernprodukts, Inhalts-erweiterung, Pflicht-Abonnement und Battle-Pass grundsätzlich nicht verwendet werden, obwohl prinzipiell die Möglichkeit besteht, diese zu verwenden.

Von allen untersuchten Produkten werden die Erlöselemente In-App-Käufe und VIP-Abonnement genutzt. Von drei der sechs untersuchten Produkte (Candy Crush Saga, Gardenscapes und Monster Strike) wird Werbung verwendet. Bei einem Produkt (Roblox) werden als weitere Form der Erlösgenerierung Transak-tionsgebühren erhoben.

Auffällig ist, dass im Gelegenheitsspiel-Genre ausschließlich Subskriptions-elemente angeboten werden, die sich auf Vorteile fokussieren und somit dem VIP-Abonnement zuzuordnen sind. Auch bei den angebotenen In-App-Käufen stehen Vorteile im Vordergrund, wobei für ein Produkt ausschließlich Vorteile und keine kosmetischen Gebrauchsgegenstände erkauft werden können. Die erworbenen Vorteile bestehen in digitalen Verbrauchsgegenständen oder in einer temporären Verstärkung, sodass Spieler immer wieder neue Transaktionen durch-führen müssen, um die Vorteile zu behalten. Die Vorteile lassen sich daher den zeitlichen und den reellen Vorteilen zuordnen.

Die Werbung wird in jedem der drei Fälle auf eine unterschiedliche Art ange-wendet. So wird sie in Gardenscapes dazu verwendet, um Spielenden einen Vorteil zu gewähren, ohne dafür eine Transaktion durchführen zu müssen. Hierzu kann der Spieler die Werbung freiwillig bzw. gezielt anzeigen lassen und die Belohnung, welche einen Vorteil darstellt, am Ende der Werbung beanspruchen. In Monster Strike hingegen finden Kooperationen statt, bei denen zumeist Cha-raktere aus Animes oder Mangas in dem Spielprinzip integriert werden und auch das Spieldesign sich dem aktuellen Kooperationspartner anpasst, um Werbung zu erzeugen. Die letzte Art ähnelt der klassischen Art der Werbung: Auf Turnie-ren und Veranstaltungen zu dem Spiel werden auf Bildschirmen, Plakaten und in Live-Streams Anzeigen geschaltet. Dieser Fall lässt sich bei sowohl Candy Crush Saga als auch Monster Strike auffinden, da von den untersuchten Produkten im Gelegenheits-Genre für diese beiden Produkte Turniere veranstaltet werden.

Zusammenfassend sind die Produkte des Gelegenheitsspiel-Genres grund-sätzlich kostenlos herunterladbar sowie spielbar, da weder ein kostenpflichtiges Kernprodukt, eine kostenpflichtige Erweiterung oder ein Pflicht-Abonnement für das Nutzen der Produkte benötigt wird. Stattdessen werden Erlöse überwiegend aus freiwillig zu erwerbenden Vorteilen generiert.

Tab. 4.2 Forschungsergebnisse im Gelegenheitsspiel-Genre

	Roblox (Jahr der Veröffent-lichung des Spiels: 2006)	Pokémon Go (2016)	Candy Crush Saga (2012)	AFK Arena (2019)	Garden-scapes (2016)	Monster Strike (2013)
Verkauf des Kern-produkts						
Inhaltser-weiterungen als DLC						
In-App-Käufe	Premium-Währung	Premium-Währung	Premium-Währung	Premium-Währung	Premium-Währung	Premium-Währung
	Kosmetisches	Kosmetisches		Kosmetisches	Kosmetisches	Kosmetisches
	Vorteile	Vorteile	Vorteile	Vorteile	Vorteile	Vorteile
Pflicht-Abonnement						
VIP-Abonnement	Vorhanden	Vorhanden	Vorhanden	Vorhanden	Vorhanden	Vorhanden
Battle-Pass						
Werbung			Vorhanden		Vorhanden	Vorhanden
Weitere Erlöse-nerierung	Game-Transaktionsgebühren					

4.3   Strategie-Genre

Die in Tab. 4.3 dargestellten Untersuchungsergebnisse im Strategie-Genre zeigen, dass hier ähnlich wie im Gelegenheits-Genre grundsätzlich auf die Erlöselemente Verkauf des Kernprodukts, Inhaltserweiterungen und Pflicht-Abonnement verzichtet wird, sodass auch diese Produkte kostenlos spielbar sind. Außerdem ist hinzuzufügen, dass die erfolgreichsten Produkte im Strategie-Genre mit Ausnahme des Produktes Clash of Clans dem MOBA-Subgenre angehören. Dieser Aspekt fällt auch in den verwendeten Erlöselementen auf: Die MOBA-Produkte verwenden In-App-Käufe für kosmetische Inhalte, auch der Battle-Pass als abonnementähnliches Erlöselement für kosmetische Inhalte wird hier angeboten. Clash of Clans bietet in Abgrenzung zu diesen viele Vorteile durch In-App-Käufe an und verbindet diese mit dem VIP-Abonnement anstelle des Battle-Passes. Zwar bietet auch Mobile Legends: Bang Bang Vorteile an, jedoch in einem geringen Ausmaß, sodass hier der Battle-Pass verwendet wird.

Auffällig ist neben den verwendeten In-App-Käufen und dem Battle-Pass die Werbung, die von jedem Produkt verwendet wird. Diese wird auch in diesem Genre statt in dem Spiel ausschließlich auf E-Sport-Events bzw. Turnieren in einer Form angezeigt, wie sie in anderen Branchen verwendet wird: Plakate, Werbebanner und Anzeigen in Videos oder auf dafür vorgesehenen Flächen während einer Live-Übertragung.

Wie im Rollenspiel-Genre bereits erwähnt wurde, werden accountbezogene Dienste im Strategie-Genre in einer nahezu gleichen Form verwendet: Die Änderung des Accountnamens und/oder ein Servertransfer des Accounts werden in diesem Genre von vier Produkten (League of Legends, Dota 2, Brawl Stars, Mobile Legends: Bang Bang) nur gegen Bezahlung durchgeführt.

Die Produkte des Strategie-Genres sind somit in Bezug auf die Art der verwendeten Erlöselemente ähnlich wie die des Gelegenheits-Genres, dennoch unterscheiden sie sich maßgeblich innerhalb der einzelnen Erlöselemente: Statt vorteilhafte Verbrauchsgegenstände stehen kosmetische Gebrauchsgegenstände im Vordergrund.

4.4   Shooter-Genre

Auch im Shooter-Genre (siehe Tab. 4.4) werden die Erlöselemente Verkauf des Kernprodukts, Inhaltserweiterungen und Pflicht-Abonnement nicht verwendet. Das Erlöselement VIP-Abonnement wird nicht direkt verwendet, jedoch wird ein Battle-Pass angeboten, der teilweise verbrauchbare Vorteile gewährt. Ebenso wie

Tab. 4.3 Forschungsergebnisse im Strategie-Genre

	Honor of Kings (Jahr der Veröffent-lichung des Spiels: 2015)	League of Legends (2009)	Clash Of Clans (2012)	Dota 2 (2013)	Brawl Stars (2017)	Mobile Legends: Bang Bang (2016)
Verkauf des Kern-produkts						
Inhaltser-weiterungen als DLC						
In-App-Käufe	Premium-Währung	Premium-Währung	Premium-Währung		Premium-Währung	Premium-Währung
	Kosmetisches	Kosmetisches	Kosmetisches	Kosmetisches	Kosmetisches	Kosmetisches
			Vorteile			(Vorteile)
Pflicht-Abonnement						
VIP-Abonnement			Vorhanden			
Battle-Pass	Vorhanden	Vorhanden		Vorhanden	Vorhanden	
Werbung	Vorhanden	Vorhanden	Vorhanden	Vorhanden	Vorhanden	
Weitere				Game-Transaktionsgebühren		
Erlösge-nerierung	Accountbezogene Dienste	Accountbezogene Dienste		Accountbezogene Dienste	Accountbezogene Dienste	Accountbezogene Dienste

im Strategie-Genre sticht auch hier ein Subgenre hervor: Das Battle-Royale (mit Ausnahme des Produkts Crossfire). Hier lassen sich jedoch keine Unterschiede an den Erlöselementen feststellen. Somit sind auch in diesem Segment die Haupterlöselemente In-App-Käufe, Battle-Pass und Werbung. Während der Großteil der untersuchten Produkte auf Vorteile vollständig verzichtet, bieten zwei Produkte (Peacekeeper Elite und Garena Free Fire) im Vergleich zum Gelegenheits-Genre kleinere Vorteile an. Die Werbung wird ausschließlich auf E-Sport-Turnieren angezeigt und nicht innerhalb der Spiele.

4.5   Genreübergreifende Ergebnisse

Es lassen sich segmentübergreifende Auffälligkeiten herausstellen, die hier kurz vorgestellt werden sollen. Die Auffälligkeiten beziehen sich auf Verwendungsweisen und Kombinationen spezifischer Erlöselemente.

Von den untersuchten Produkten verwenden nur die Rollenspiele die Erlöselemente Verkauf des Kernprodukts, Inhaltserweiterungen sowie Pflicht-Abonnement. So wird keines der drei Erlöselemente in dem Gelegenheits-Genre, dem Strategie-Genre oder dem Shooter-Genre verwendet.

Im Gegensatz dazu verwendet jedes der 24 Produkte In-App-Käufe. Diese treten in unterschiedlichen Formen auf. So können sie differenziert werden in permanente kosmetische Items (digitale Gegenstände) und zumeist verbrauchbare oder anderweitig temporäre Items (Verbrauchsgegenstände), welche dem Spieler einen Vorteil gewähren.

In der Untersuchung ist darüber hinaus aufgefallen, dass auch die Vorteile differenziert betrachtet werden können:

- Reelle Vorteile geben dem Spieler einen tatsächlichen Vorteil, beispielsweise die stärkste Waffe oder ein Verstärkungsbonus, der dem Charakter zusätzliche Werte anrechnet.
- Zeitliche Vorteile erlauben dem Spieler eine Zeitersparnis, wobei ein für den Vorteil nicht zahlender Spieler durch mehr Zeitaufwand dasselbe Niveau erreichen und den Nachteil ausgleichen kann.
- Bequemlichkeitsvorteile ermöglichen dem Spieler die Nutzung kleiner Zusatz-funktionen, die Prozesse teilweise oder vollständig automatisieren, was von dem Spieler als angenehm empfunden werden kann, jedoch keinen Vorteil im eigentlichen Sinne darstellt.

Tab. 4.4 Forschungsergebnisse im Shooter-Genre

	Fortnite (Jahr der Veröffentlichung des Spiels: 2017)	Peace-keeper Elite (2019)	Garena Free Fire (2017)	Call of Duty: Warzone (2020)	Crossfire (2007)	Apex Legends (2019)
Verkauf des Kern-produkts						
Inhaltser-weiterungen als DLC						
In-App-Käufe	Premium-Währung Kosmetisches	Premium-Währung Kosmetisches Vorteile	Premium-Währung Kosmetisches Vorteile	Premium-Währung Kosmetisches	Premium-Währung Kosmetisches	Premium-Währung Kosmetisches
Pflicht-Abonnement						
VIP-Abonnement						
Battle-Pass	Vorhanden	Vorhanden (Vorteile)	Vorhanden (Vorteile)	Vorhanden	Vorhanden	Vorhanden
Werbung	Vorhanden	Vorhanden	Vorhanden	Vorhanden	Vorhanden	Vorhanden
Weitere Erlöse-nerierung						

Teilweise lassen sich die Vorteile nicht klar voneinander abgrenzen und den Kategorien zuordnen, da in einigen Fällen mehrere Vorteile kombiniert angeboten werden.

In Bezug auf die unterschiedlichen Genres werden reelle Vorteile fast ausschließlich im Gelegenheits-Genre verwendet, welches zusätzlich zeitliche Vorteile verwendet. Die Produkte des Rollenspiel-Genres haben eine Tendenz zu Vorteilen, allerdings sind diese Vorteile, sofern vorhanden, geringer und lassen sich den zeitlichen und Bequemlichkeitsvorteilen zuordnen. Im Shooter- und Strategie-Genre treten Vorteile nur vereinzelt auf und haben einen geringeren Einfluss auf das Spiel.

Bei den In-App-Käufen ist zudem in 23 von 24 Fällen die Verwendung einer Premium-Währung auffällig (einzige Ausnahme stellt Dota 2 dar): Im ersten Schritt wird durch Echtgeld die Premium-Währung erworben. Erst im zweiten Schritt kann diese anstele des Echtgeldes benutzt werden, um den digitalen Gegenstand/Inhalt zu erwerben.

Das zweitmeiste verwendete Erlöselement ist mit 19-mal die Werbung. Auch bei der Werbung sind unterschiedliche Arten innerhalb der Untersuchung aufgefallen:

- In-Game-Werbung: Hier wird die Werbung dem Spieler als Video automatisch in bestimmten Abständen bzw. unter bestimmten Bedingungen angezeigt oder ist permanent als Displaybanner zu sehen. Der Spieler muss in diesen Fällen die Werbung betrachten/akzeptieren. Auch die Kooperation wird hier teilweise zugezählt.
- Belohnte Werbung: Bei dieser Art wird keine Werbung während des Spielens angezeigt, stattdessen bekommt der Spieler die Möglichkeit, freiwillig Werbung zu schauen, um zusätzliche Boni oder Ressourcen zu erhalten
- Werbung auf E-Sport-Events: Diese Werbung wird als einzige außerhalb des eigentlichen Spiels angezeigt, stattdessen erfolgt sie in Form von Plakaten, Displaybannern oder Videoanzeigen auf einem offiziellen E-Sport-Event, bei dem das Unternehmen des jeweiligen Produkts Hauptorganisator ist und somit auch den größten Teil der Erlöse aus der Werbung erhält.

18-mal wird Werbung der dritten Art verwendet. Ein- bis zweimal wird Werbung der ersten Art verwendet (Monster Strike; Peacekeeper Elite geht nur selten Kooperationen ein). Auch ein- bis zweimal wird Werbung der zweiten Art verwendet (Gardenscapes; bei Candy Crush Saga ist diese Funktion aktuell nicht vorhanden/wurde entfernt). Es ist möglich, die unterschiedlichen Arten an Werbung miteinander zu kombinieren. Bei den untersuchten Produkten ist dies in den Fällen von Monster Strike und Peacekeeper Elite vorgekommen.

Jeweils 11-mal werden der Battle-Pass sowie das VIP-Abonnement verwendet. Ebenso wie bei den In-App-Käufen und der Werbung sind auch hier unterschiedliche Arten zu betrachten. Die Erlöselemente Battle-Pass und VIP-Abonnement werden teilweise ähnlich verwendet, so ist der Hauptunterschied, dass der Battle-Pass zumeist ein Levelsystem beinhaltet, welches in dem Spiel integriert ist und sich auf kosmetische Inhalte beschränkt. Das VIP-Abonnement hingegen erfolgt durch eine periodisch wiederkehrende Zahlung, um für eine bestimmte Zeit (häufig 30 Tage) Vorteile zu erhalten. Auffällig ist, dass Produkte, die bei den In-App-Käufen Vorteile anbieten, zur zusätzlichen Verwendung des VIP-Abonnements tendieren, wohingegen Anbieter ohne Vorteile durch In-App-Käufe den Battle-Pass bevorzugen. Diese Abgrenzung fällt besonders bei den Rollenspielen auf: Genshin Impact, Lineage W und Lost Ark bieten Vorteile und ein VIP-Abonnement an. World of Warcraft, Elder Scrolls Online und Final Fantasy XIV bieten weder Vorteile noch VIP-Abonnement an. Im Gelegenheits-Genre bieten alle Produkte Vorteile in Kombination mit dem VIP-Abonnement an. Die Spiele im Strategiegenre bieten (mit Ausnahme von Clash of Clans) und im Shooter-Genre (mit Ausnahme von Garena Free Fire und Peacekeeper Elite) typischerweise keine Vorteile an, sodass hier ausschließlich der Battle-Pass verwendet wird. Sind die Vorteile weniger einflussreich, kann eine Kombination aus Battle-Pass und VIP-Abonnement verwendet werden. Diese Kombination liegt bei Clash of Clans, Peacekeeper Elite und Garena Free Fire vor. Während bei Clash of Clans die Vorteile überwiegen, setzen Peacekeeper Elite und Garena Free Fire überwiegend auf kosmetische Aspekte.

Weitere Erlöselemente, die verwendet werden, sind accountbezogene Dienste. Die Dienste gibt es grundsätzlich zumindest in Teilen bei allen Produkten, beispielsweise die Namensänderung. Allerdings müssen diese Dienste nur bei je vier Produkten aus dem Strategie- und dem Rollenspiel-Genre bezahlt werden.

Ebenso treten bei den Produkten Lost Ark, World of Warcraft, Roblox und Dota 2 echte Transaktionsgebühren auf: Innerhalb des Spiels oder in direkter Verbindung mit dem Spiel werden offizielle Handelsplattformen zur Verfügung gestellt, um spielbezogene Gegenstände unter den Spielern zu handeln. Auf den dortigen Handel werden Gebühren in Form einer zu erwerbenden Premium-Währung (Lost Ark, World of Warcraft und Roblox) oder in Form von Echtgeld (Dota 2) erhoben.

Interpretation und Handlungsempfehlungen

5.1 Interpretation der Verwendung von Erlöselementen hinsichtlich ihrer Genres

Rollenspiel-Genre

Rollenspiele sind durch einen sich nicht wiederholenden Handlungsablauf gekennzeichnet, um das Interesse der Spieler längerfristig aufrechtzuerhalten. Ihre Entwicklung und Weiterentwicklung ist daher zumeist mit einer im Vergleich zu anderen Genres höheren Komplexität und einem höheren Aufwand verbunden (Olsson & Sidenblom, 2010, S. 43). Um mit dieser Situation umzugehen, haben die Anbieter unterschiedliche Ansätze bei den Erlöselementen gewählt.

Bei drei der sechs betrachteten Spiele (World of Warcraft, Elder Scrolls Online und Final Fantasy XIV) lässt sich ein Buy- bzw. Pay-to-Play-Modell erkennen. Inhaltserweiterungen sind hier jeweils kostenpflichtig, während es bei zwei der drei Spiele jeweils den Verkauf des Kernprodukts und bzw. oder ein Pflicht-Abonnement gibt. Aus Sicht der Entwickler sind diese Erlöselemente insofern attraktiv, da sie zuverlässig und damit planbare Erlöse ermöglichen (Massarczyk et al., 2019, S. 481).

Eine risikoreiche Variante hingegen ist, das Spiel zu einem Free-To-Play-Titel zu machen, was bei den drei anderen betrachteten Spielen (Genshin Impact, Lineage W und Lost Ark) der Fall ist. Free-to-Play ist aus Sicht der Kunden attraktiv. Finanzielle Eintrittsbarrieren existieren für den Kunden nicht. Um dennoch Erlöse zu generieren, muss es den Anbietern gelingen, die Spieler indirekt dazu zu bringen, für das Spiel zu bezahlen, indem ihnen durch das Bezahlen Vorteile gewährt werden (Massarczyk et al., 2019, S. 481). Gelingt dies, können höhere Erlöse generiert werden, da auch sehr viel mehr Spieler erreicht werden können (Sauer, 2018, S. 46). Diese Vorteile werden in diesem Genre durch In-App-Käufe und VIP-Abonnement

F. Dühr und M. Broens, *Erlösmodelle in der Games-Branche*, essentials, https://doi.org/10.1007/978-3-658-40999-9_5

in das Spiel eingebracht. Besonders das VIP-Abonnement sorgt dafür, dass die Spieler stetig bezahlen müssen, um den Vorteil zu behalten, da dieser nach der vereinbarten Zeit abläuft. So entzieht beispielsweise Elder Scrolls Online unter anderem den zusätzlichen Lagerplatz, der während der Dauer des VIP-Abonnements gewährt wird. Zusätzlich hat die Untersuchung ergeben, dass auch Inhaltserweiterungen (kostenpflichtige und kostenlose) indirekt für einen stetigen Geldfluss sorgen, indem die Inhaltserweiterungen die bisherigen Vorteile abnehmen lassen, sodass für das Aufrechterhalten eines Vorteils erneut dementsprechende Mikrotransaktionen von den Spielern durchzuführen sind. Diese Abschwächung lässt sich vor allem im Rollenspiel-Genre auffinden.

Der In-App-Kauf kosmetischer Inhalte wird hingegen sowohl von den Buy-bzw. Pay-to-Play- als auch den Free-to-Play-Spielen dieses Genres eingesetzt. Zwei Erlöselemente, welche von vier Produkten im Rollenspiel-Genre und vor allen dem Pay-to-Play-Modell folgenden Spielen eingesetzt werden, sind die Werbung und die accountbezogenen Dienste als zusätzliche Erlöselemente. Da Werbung jedoch das Risiko mit sich bringt, das Spiel unseriös wirken zu lassen und den Spielfluss zu behindern, wird Werbung in einen von dem Kunden werbetoleranten Bereich gerückt (Sauer, 2018, S. 56). Da Menschen bereits gewohnt sind, bei Veranstaltungen viel Werbung zu sehen und auch im Fernsehen zwischen Film-/Serienabschnitten Werbung angezeigt wird, wird dasselbe Konzept für offizielle E-Sport-Turniere angewendet.

Die dem Buy- bzw. Pay-to-Play-Modell folgenden Spiele beschränken sich also nicht nur auf die mit diesem Modell direkt verbundenen Erlöselemente, sondern sie nutzen auch weitere Erlöselemente, aus denen zusätzliche Einnahmen möglich erscheinen.

Gelegenheitsspiel-Genre

Anders als im Rollenspiel-Genre wird im Gelegenheitsspiel-Genre deutlich, dass ein klarer Segmenttrend herrscht: Die umsatzstärksten Produkte verfolgen ausschließlich ein Free-To-Play-Modell. Das lässt sich zunächst anhand des Zwecks eines Gelegenheitsspiels erklären: Ein Gelegenheitsspiel soll Spaß bringen, leicht zu erlernen und vor allem einfach zu erreichen sein (Russoniello et al., 2009, S. 53). Demnach werden die (finanziellen) Eintrittsbarrieren minimiert sowie die Spiele mit weniger komplexen Spielmechaniken gestaltet, sodass sie im Vergleich zu den Rollenspielen in der Entwicklung deutlich weniger aufwändig sind. Analog fallen Inhaltserweiterungen hier weniger umfangreich aus und werden kostenlos veröffentlicht.

Um Erlöse zu generieren, werden wie bei den Free-To-Play-Titeln des Gelegenheitsspiel-Genres In-App-Käufe und VIP-Abonnements angeboten, die

Vorteile gewähren und den Spieler indirekt zum Bezahlen zwingen (Massarczyk et al., 2019, S. 484 ff.). Die Vorteile werden im Gelegenheits-Genre nicht durch neue Erweiterungen abgeschwächt, sondern sind verbrauchbar: Der Spieler bezahlt für eine Anzahl an Verstärkungen. Diese haben einen situationsabhängigen Effekt oder geben für kurze Zeit eine Verbesserung, sodass nach einer gewissen Anzahl an Benutzungen eine neue Anzahl an Vorteilen nachgekauft werden muss (Sauer, 2018, S. 58 f.). Gelegenheitsspiele werden typischerweise im fortschreitenden Verlauf schwieriger, sodass der Spieler dann gezwungen ist, mehr Vorteile zu kaufen, um erneut weiterzukommen.

Werbung wird in diesem Genre von drei der sechs untersuchten Produkte als zusätzliches Erlöselement eingesetzt, wobei unterschiedliche Werbungsarten verwendet werden: Gardenscapes nutzt Werbung nur, wenn der Spieler diese freiwillig und aktiv anschaut, um Boni zu erhalten. Monster Strike verwendet Werbung auf E-Sport-Turnieren. Candy Crush Saga zeigt Werbung ebenfalls nur auf E-Sport-Turnieren an, jedoch war Werbung ehemals ein fester Bestandteil des Erlösmodells in Candy Crush Saga. Durch den Erfolg des Titels konnte diese Werbung jedoch entfernt werden.

Strategie-Genre
Wie auch im Gelegenheitsspiel-Genre verzichten die Produkte im Strategie-Genre auf verpflichtende Erlöselemente (Verkauf des Kernprodukts, Inhaltserweiterungen und Pflicht-Abonnement). Hierfür lassen sich zwei Gründe identifizieren. Zum einen werden hiermit, wie teilweise bei den Rollenspielen und generell bei den betrachteten Gelegenheitsspielen, keine finanziellen Eintrittsbarrieren aufgebaut. Dies ist insofern bedeutsam, da Strategie-Spiele ein komplexes Verständnis seitens des Spielers benötigen (Kraam-Aulenbach, 2002, S. 3) und somit dem Spieler ermöglicht wird, vor etwaigen Kosten sein Interesse am Spiel zu testen. Zum anderen ist die hiermit ermöglichte potenziell hohe Spielerzahl für die volle Funktionsweise der untersuchten Spiele wichtig. So beinhalten diese Spiele Spielpartien im klassischen 5v5-Modus, welcher nur mit zehn zur gleichen Zeit spielbereiten Personen stattfinden kann (Sauer, 2018, S. 10). Dabei soll zudem gewährleistet werden, dass jeder Spieler seine gewünschte strategische Position (eine von fünf) erhält. Eine geringe Anzahl an Spielern führt folglich zu langen Wartezeiten, was wiederum zu Desinteresse und zu abspringenden Spielern führt.

Auch der bekannte Ansatz aus dem Gelegenheits-Genre durch kostenpflichtig erwerbbare Vorteile die Spieler indirekt zum Zahlen zu bewegen, spielt bei den betrachteten Spielen im Strategie-Genre kaum eine Rolle. Denn im Gegensatz zu den Gelegenheitsspielen, bei denen Spieler grundsätzlich nicht gegeneinander spielen, führen Vorteile bei den Strategiespielen zu einem Ungleichgewicht: Während einige Spieler nicht für Vorteile bezahlen wollen, machen andere Spieler es gerade, um einen Vorteil gegenüber anderen Spielern zu erlangen (Massarczyk et al., 2019, S. 484). Dabei sind die nicht zahlenden Spieler den zahlenden Spielern aufgrund des bezahlten Vorteils unterlegen. Es besteht das Risiko, dass Spieler das Interesse verlieren, da sie benachteiligt werden (Schröder, 2019, S. 372 ff.). Diese Art der Erlösgenerierung ist in diesem Genre somit konträr zum Ziel der dauerhaften Bindung der Spieler an das Spiel.

Um dies zu umgehen, werden keine Vorteile angeboten, sondern die Angebote auf das Selbstverwirklichungsbedürfnis des individuellen Spielers zugeschnitten. Der Spieler kann mit der mit Echtgeld zu erwerbenden Premium-Währung Skins (verändertes Aussehen, Outfits) für seine Charaktere erwerben, sodass diese ein anderes Aussehen bekommen und auch ihre Fähigkeiten einen anderen graphischen Effekt erhalten. Dieser Aspekt ist nicht neu, sondern existiert bereits in dem Rollenspiel- und dem Gelegenheits-Genre. Dennoch bekommen die kosmetischen In-App-Käufe in Zusammenhang mit den Ergebnissen aus der Untersuchung einen neuen Stellenwert. Erlöse werden nahezu ausschließlich durch kosmetische Gegenstände generiert. Die Auswahl wird dabei sehr groß gehalten, damit jeder Spieler ein passendes Angebot finden kann und teilweise nicht nur einen Gegenstand kauft, sondern mehrere (Sauer, 2018, S. 57). Im Strategie-Genre sind zumeist sehr viele unterschiedliche Charaktere spielbar, beispielsweise in League of Legends 159 verschiedene (Stand 07.06.2022). Wird ein Skin für einen bestimmten Charakter erworben, kann dieser nur von diesem speziellen Charakter verwendet werden. Jeder Charakter besitzt mehrere Skins, sodass es grundsätzlich ansprechend ist, mehrere Skins zu erwerben. Hinzukommt, dass durch die erfolgreiche Mundpropaganda und dem nötigen Teamplay Freunde zusammenspielen, sodass Skins mit dem Ziel gekauft werden, diese den Freunden zu zeigen (Olsson & Sidenblom, 2010, S. 22).

Ein weiteres Erlöselement, welches die kosmetischen Gegenstände aus In-App-Käufen ergänzt, ist der Battle-Pass. Dieser beinhaltet häufig ähnliche Gegenstände wie die aus den In-App-Käufen, die nur in einer anderen Form angeboten werden. Der Battle-Pass ist besonders attraktiv, wenn von einer einzelnen Person viel Spielzeit während der Dauer des Battle-Passes aufgewendet wird. So kann der Battle-Pass als digitales Produktbündel angesehen werden, welches aus kosmetischen digitalen Gegenständen besteht und diese mit einem Zeitsystem kombiniert. Er lässt sich leicht im Spiel implementieren und ist eine zusätzliche Möglichkeit der Erlösgenerierung parallel zu den In-App-Käufen. Der Battle-Pass kann darüber hinaus als Eisbrecher dienen, um die spielende Person aufgrund seiner hohen Attraktivität und seinem eher geringen Preis erstmalig eine Transaktion abschließen zu lassen, sodass spätere Transaktionen weniger schwerfallen. Die untersuchten Produkte enthalten zumeist einen Battle-Pass, der für ca. 10 € erworben werden kann und Produkte enthält, die zusammen weitaus mehr als 10 € wert sein können bzw. tatsächlich mehr wert sind, sofern genügend Zeit investiert wird.

Neben den accountbezogenen Diensten ist ebenso in diesem Genre die Werbung ein unterstützendes Erlöselement. Sie wird bei allen betrachteten Produkten aus denselben Gründen wie in anderen Genres ausschließlich auf E-Sport-Events verwendet.

Shooter-Genre

Das Shooter-Genre als letztes untersuchtes Genre verzichtet ebenfalls auf die kostenpflichtigen Erlösmodelle. Es werden dieselben Erlöselemente wie im Strategie-Genre verwendet: In-App-Käufe, die sich hauptsächlich auf kosmetische Gegenstände beziehen, dazu Battle-Pass und Werbung. Diese drei Erlöselemente finden sich bei allen betrachteten Spielen des Shooter-Genres.

Der Fokus auf diese Erlöselemente lässt sich auch mit demselben Ansatz wie bei den Strategiespielen erklären. Bei den Shooter-Spielen gibt es einen Battle-Royale-Trend, sodass fünf der untersuchten Produkte dem Subgenre Battle-Royale angehören. Da diese Produkte in direkter Konkurrenz zueinanderstehen, müssen Eintrittsbarrieren gesenkt werden, um möglichst viele potenzielle Kunden zu erreichen. Ähnlich wie bei dem Strategie-Genre sind nämlich auch hier möglichst viele Spieler nötig, um ein vollständiges Funktionieren des Spiels und kurze Wartezeiten gewährleisten zu können. Dadurch übernimmt immer weiter das Free-To-Play-Modell das Segment. So war *PlayerUnknown's Battlegrounds* als eines der umsatzstärksten Produkte ursprünglich kostenpflichtig zu erwerben (Verkauf des Kernprodukts), ist mittlerweile in ein Free-To-Play-Modell gewechselt. Der Battle-Pass dient erneut als leicht implementierbarer Eisbrecher und als zusätzliche Erlösquelle aufgrund seiner besonderen Form, wohingegen die Werbung eine unterstützende Rolle spielt, die auch hier ausschließlich auf E-Sport-Turnieren verwendet wird, um weder den Spielfluss zu stören noch unseriöse Wirkung zu haben. Auch accountbezogene Dienste, welche vier der sechs betrachteten Spiele (Ausnahmen: Honor of Kings und Clash of Clans) gegen Gebühr anbieten, sind hier nur ein zusätzliches Erlöselement.

5.2   Handlungsempfehlungen

Aus der Betrachtung der umsatzstärksten Produkte im Gelegenheitsspiel-, Strategie- und Shooter-Genre geht hervor, dass bei allen Produkten auf ein Free-to-Play-Modell gesetzt wird. Dies trifft auch auf die Hälfte der betrachteten Produkte aus dem Rollenspiel-Genre zu. Dabei handelt es sich um die neueren Produkte (Genshin Impact, Lineage W und Lost Ark) dieses Genres, die umsatzmäßig bereits vor den Produkten mit einem Buy- bzw.- Pay-to-Play-Modell liegen. Dies wirkt sich auch direkt auf die möglichen Erlöselemente von weiteren bestehenden oder auch neuen Produkten in diesen Genres aus. Da ein Großteil der Spieler von den bereits etablierten Anbietern mit ihren niedrigen finanziellen Eintrittsbarrieren angesprochen wird, kommen weitere bestehende oder neue Produkte nicht umhin, auch ein Erlösmodell zu entwickeln, welches ähnlich hohe oder niedrigere finanzielle Eintrittsbarrieren für die Spieler hat, um diese für sich gewinnen zu können. Ausnahmen hiervon und damit die Möglichkeiten zu einem Buy- bzw.- Pay-to-Play-Modell erscheinen nur in zwei Situationen realistisch. Zum einen, wenn sich ein Spiel aufgrund seines Inhaltes und bestimmter Gameplay-Elemente deutlich von den etablierten Produkten eines Genres unterscheidet, sodass eine eigene Nische besetzt werden kann. Zum anderen, wenn dieses Spiel von einem bekannten Anbieter in der Games-Branche stammt, der durch andere erfolgreiche Titel ein Grundinteresse und Vertrauen bei einer Vielzahl von Spielern generieren kann.

Als zentrales Erlöselement in einem Free-to-Play-Modell sind die In-App-Käufe zu sehen. Hierbei muss eine Gliederung in mit Vorteilen verbundene und kosmetische (nicht vorteilhafte) Mikrotransaktionen vorgenommen werden (Sauer, 2018, S. 56 ff.). Die kosmetischen Mikrotransaktionen können dabei nicht nur andere Skins bieten, sondern auch neue bzw. zusätzliche Aspekte der Gestaltung und Aussehensveränderung freischalten (Massarczyk et al., 2019, S. 484 f.). Welche Art an kosmetischen Aspekten verkauft werden können, richtet sich nach den Inhalten bzw. Gameplay-Elementen des Spiels und den Entscheidungen der Entwickler, da die einzelnen Objekte, die verändert werden können, individuell zu entwickeln sind und somit profitabel sein müssen. Die Auswahl der kosmetischen Items sollte groß gehalten werden, damit jeder Interessent ein für ihn interessantes Produkt erwerben kann sowie einige Interessenten mehrere Mikrotransaktionen für eine limitierte Anzahl an Objekten durchführen. Der Vorteil an kosmetischen Mikrotransaktionen ist, dass diese, ohne einen negativen Eindruck zu hinterlassen, als freiwillige Transaktionen in jedem Spiel integriert werden können, wobei sie bei hoher Attraktivität des Grundspiels und des kosmetischen Gegenstandes für hohe Erlöse sorgen (Sauer, 2018, S. 57). Funktionale

Mikrotransaktionen hingegen beeinflussen häufig nicht nur das Spielerlebnis des zahlenden Spielers, sondern wirken sich bei Spielen, die gegen andere Spieler ausgetragen werden, auf alle Spieler in derselben Runde, also sowohl des eigenen als auch des gegnerischen Teams, aus. Der Grad, wie stark dieser Vorteil Einfluss auf das Spiel nimmt, erhöht die Unattraktivität des Produkts aus Sicht der Spieler, die nicht für Vorteile zahlen, sowie die Attraktivität für Spieler, die diese Vorteile gegen Bezahlung erlangt haben (Sauer, 2018, S. 59). Ein Gleichgewicht und einen wohlüberlegten Grad des Einflusses der Vorteile ist bei der Entwicklung nötig, sofern Vorteile verkauft werden sollen, da nichtzahlende Spieler mit steigendem Grad immer häufiger das Interesse verlieren. In einer solchen Situation wird es auch schwieriger neue Spieler zu gewinnen. Dauert diese Entwicklung an, wird das weitere Betreiben des Produkts aus Sicht der Entwickler aufgrund fortlaufender Kosten unattraktiv bzw. unwirtschaftlich (Massarczyk et al., 2019, S. 485). Die Verwendung von Vorteilen kann folglich Produkte mit kompetitivem Fokus nachhaltig schädigen. Wie stark die Kompetitivität eines Spiels ist, lässt sich häufig nur im Einzelfall bestimmen, wobei einige (Sub-)Genres eine grundlegende kompetitive Tendenz aufweisen. So hat die Untersuchung ergeben, dass im MOBA-Subgenre des Strategie-Genres zu allen untersuchten Produkten E-Sport-Turniere veranstaltet werden. Im Gelegenheitsgenre gibt es hingegen nur wenige Produkte, zu denen Turniere ausgetragen werden, da es hier nicht möglich ist bzw. vom Spielprinzip nicht vorgesehen ist, Spieler gegeneinander antreten zu lassen. Die E-Sport-Turniere sind somit ein Produkt aus Erfolg des Spiels und Kompetitivität innerhalb des Spiels. Daher können die E-Sport-Turniere als Indikator für die Gegenwärtigkeit von Kompetitivität im Spiel angesehen werden.

In Bezug auf funktionale Vorteile gelten die Überlegungen zu den In-App-Käufen analog für das VIP-Abonnement, weshalb es im Strategie- und Shooter-Genre bei den untersuchten Spielen kaum genutzt wird. In Free-to-Play-Modellen beim Rollenspiel-Genre und im Gelegenheitsspiel-Genre kann es aber als Erlöselement geeignet eingesetzt werden.

Der Battle-Pass als ein digitales Produktbündel kann ähnlich wie die kosmetischen In-App-Käufe in jedem Spiel eingebaut werden. Er stellt eine Alternative zu den klassischen In-App-Käufen dar und kann einfach integriert werden, sobald genügend kosmetische In-App-Käufe zur Verfügung stehen. Als Alternativversion der kosmetischen In-App-Käufe lassen sich dieselben Erkenntnisse auf diesen anwenden.

Bei der Werbung hat sich gezeigt, dass diese auf sehr unterschiedliche Art und Weise genutzt werden kann. Von den untersuchten (umsatzstärksten) Produkten wird sie ausschließlich als unterstützendes bzw. zusätzliches Erlöselement verwendet. Dabei wird die Werbung aufgrund ihres Risikos, zum Interessenverlust seitens der Spieler zu führen, nahezu ausschließlich auf E-Sport-Turnieren verwendet, insbesondere um Preisgelder und Organisationskosten zu refinanzieren. Auch hier wird sie in unterschiedlicher Form und Umfang angezeigt: Banner, Plakate oder Videoanzeigen auf Anzeigeflächen des Veranstaltungsortes oder des Live-Streams.

Im Gegensatz zu den umsatzstärksten Produkten können weniger umsatzstarke Produkte, besonders aber Gelegenheitsspiele, Werbung sehr gut verwenden: Durch den Einsatz von Werbung innerhalb des Spiels als (alleinstehendes) Haupterlöselement können die Eintrittsbarrieren eines Spiels aus Kostensicht des Kunden vollständig entfernt werden, sodass es für interessierte Menschen leicht nutzbar ist. Besonders kleine Spiele können sich so finanzieren (Holstein, 2019, S. 44).

6.1 Ergebnisse und Erkenntnisse

Im Rahmen dieser Arbeit wurde mittels einer quantitativen Querschnittsanalyse die Bedeutung und Verwendung der unterschiedlichen Arten der Erlösgenerierung innerhalb der Games-Branche unter Einbeziehung der wesentlichen Produkttypen bzw. Genres untersucht. Hierbei wurden folgende Forschungsfragen verfolgt:

1. Welche Erlöselemente kommen bei den umsatzstärksten Spielen der umsatzstärksten Genres zum Einsatz?
2. Welche Unterschiede und Gemeinsamkeiten ergeben sich innerhalb eines Genres und gegenüber anderen Genres?

Im Rahmen der theoretischen Fundierung wurden die begrifflichen Grundlagen betrachtet sowie literaturbasiert die prinzipiellen Produktarten, Geschäfts- und Erlöselemente in der Games-Branche vorgestellt. Bei der näheren Vorstellung der Forschungsmethodik wurde die Beschränkung auf die vier umsatzstärksten Genres bei Online-Spielen (Rollenspiele, Gelegenheitsspiele, Strategie und Shooter) vorgenommen und die jeweils sechs umsatzstärksten Spiele je Genre identifiziert.

Die Forschungsergebnisse wurden dann nach Genre sowie genreübergreifend vorgestellt und anschließend interpretiert. Zentral ist die Erkenntnis, dass die umsatzstärksten Produkte im Gelegenheitsspiel-, Strategie- und Shooter-Genre und die drei umsatzstärksten Produkte des Rollenspiel-Genres auf ein Free-to-Play-Modell setzen. Buy- bzw. Pay-to-Play-Modell mit Erlöselemente wie der Verkauf des Kernprodukts sowie von Inhaltserweiterungen oder ein Pflichtabonnement werden nur bei den drei weiteren betrachteten Produkten des

Rollenspiel-Genres genutzt. Als Erlöselement sind beim Free-to-Play-Modell In-App-Käufe zentral, die dann noch je nach Genre mit VIP-Abonnements und bzw. oder Battle-Pässen kombiniert werden. Werbung, vor allem bei E-Sport-Events, und kostenpflichtige accountbezogene Dienste stellen nur teils genutzte, ergänzende Erlöselemente dar.

Die Fokussierung auf das Free-to-Play-Modell wirkt sich auch direkt auf die möglichen Erlöselemente von weiteren bestehenden oder auch neuen Produkten in diesen Genres aus. Da ein Großteil der Spieler von den bereits etablierten Anbietern mit ihren niedrigen finanziellen Eintrittsbarrieren angesprochen wird, kommen weitere bestehende oder auch neue Produkte nicht umhin, auch ein Erlösmodell zu entwickeln, welches ähnlich hohe oder niedrigere finanzielle Eintrittsbarrieren für die Spieler hat, um diese für sich gewinnen zu können.

Bei den In-App-Käufen muss eine Gliederung in funktionale (vorteilhafte) und kosmetische (nicht vorteilhafte) Mikrotransaktionen vorgenommen werden. Während letztere, ohne einen negativen Eindruck zu hinterlassen, als freiwillige Transaktionen in jedem Spiel integriert werden können, sind erstere bei kompetitiven Spielen, die vor allem im Strategie- und Shooter-Genre zu finden sind, nur sehr vorsichtig einzusetzen, da sie sich negativ auf das Spielerlebnis nichtzahlender Spieler auswirken können.

6.2 Limitationen und zukünftige Forschung

Die Untersuchungsobjekte sind die sechs umsatzstärksten Produkte in den vier umsatzstärksten Genres der Games-Branche. Hiermit konnte ein Großteil des Marktes berücksichtigt werden und grundlegende Tendenzen hinsichtlich des Einsatzes der Erlöselemente identifiziert werden sowie darauf aufbauend Empfehlungen für bestehende und zukünftige Spiele erarbeitet werden. Mit dieser Vorgehensweise sind allerdings auch gewisse Limitationen verbunden.

So kann die Fokussierung auf die marktführenden Produkte kein repräsentatives Bild des gesamten Markts liefern. So gibt es in der Games-Branche eine Vielzahl von kleinen und mittelgroßen Produkten, an deren Entwicklung kein etablierter Publisher, sondern teils nur eine Person beteiligt ist („Independent Development").

Angesichts diverser existierenden Subgenres innerhalb der gebildeten Genres könnte es zu Verzerrungen der Ergebnisse kommen, wenn ein Subgenre (nahezu) vollständig das Genre repräsentiert. Dies wurde zwar bei der Auswertung berücksichtigt, dennoch fehlt es an Daten zu Produkten aus weiteren Subgenres.

Mit einer größer angelegten Untersuchung von Spielen verschiedener Größenklassen und Subgenres könnten folglich eine höhere Repräsentativität und gegebenenfalls noch differenziertere Erkenntnisse gewonnen werden.

Die vorliegende Untersuchung beschränkt sich auf einen einzelnen Erhebungszeitpunkt. Durch eine wiederholte Durchführung zu verschiedenen Zeitpunkten könnten Veränderungen bei den eingesetzten Erlöselementen im Zeitablauf identifiziert werden. Zukünftige Entwicklungen könnten so gegebenenfalls genauer prognostiziert werden.

Da die vorliegende Untersuchung rein den aktuellen Umsatz als Auswahlkriterium für die untersuchten Spiele herangezogen hat, könnte eine weitere Untersuchung mit ausschließlich zeitnah veröffentlichten Produkten durchgeführt werden. Da es für etablierte Produkte häufig schwierig ist, das Erlösmodell nach Jahren der Etablierung zu verändern, und für die Herausgeber wenig Anreiz bietet, in erfolgreiche Prinzipien einzugreifen, könnten so aktuelle Entscheidungen hinsichtlich der Erlöskombinationen genauer identifiziert werden.

Was Sie aus diesem *essential* mitnehmen können

- Einen Überblick über mögliche Genres und Erlösmodelle in der Games-Branche.
- Die Genres Rollenspiel, Gelegenheitsspiel, Strategie und Shooter stellen nach Umsatz die wichtigsten Genres der Games-Branche dar.
- Das Free-to-Play-Modell ist bei den umsatzstärksten Spielen in den meisten Genres der Ausgangspunkt des Erlösmodells.
- Als Erlöselement sind beim Free-to-Play-Modell In-App-Käufe zentral, die dann noch je nach Genre mit VIP-Abonnements und bzw. oder Battle-Pässen kombiniert werden.
- Die Fokussierung auf das Free-to-Play-Modell wirkt sich auch direkt auf die möglichen Erlöselemente von weiteren bestehenden oder auch neuen Produkten in diesen Genres aus.

© Der/die Herausgeber bzw. der/die Autor(en), exklusiv lizenziert an Springer Fachmedien Wiesbaden GmbH, ein Teil von Springer Nature 2023
F. Dühr und M. Broens, *Erlösmodelle in der Games-Branche*, essentials, https://doi.org/10.1007/978-3-658-40999-9

Literatur

Anderie, L. (2020). *Quick Guide Game Hacking, Blockchain und Monetarisierung. Wie Sie mit Künstlicher Intelligenz Wertschöpfung generieren.* Springer Gabler.

Bae, S. (2022). NCSOFT profit beats forecasts as Lineage W drives sales to record. The Korea Economic Daily Global Edition. https://www.kedglobal.com/earnings/newsView/ked202205130012. Zugegriffen: 4. Juni 2022.

Barker, S. (2022). Apex legends is pulling in insane Revenue. Push Square. https://www.pushsquare.com/news/2022/05/apex-legends-is-pulling-in-insane-revenue. Zugegriffen: 6. Juni 2022.

Bonthuys, D. (2021). Final fantasy XIV continues to grow, square enix sales increase In Q1. Gamespot. https://www.gamespot.com/articles/square-enix-sales-have-increased-in-q1-but-revenue-is-down-in-games-division/1100-6494826/. Zugegriffen: 22. März 2022.

Ceci, L. (2021). Number of apps from the Apple App Store 2021. Statista. https://www.statista.com/statistics/268251/number-of-apps-in-the-itunes-app-store-since-2008/. Zugegriffen: 14. März 2022.

Clement, J. (2020). Most popular video game business models worldwide 2020. Statista. https://www.statista.com/statistics/1183087/game-developers-business-models/. Zugegriffen: 7. März 2022.

Clement, J. (2022a). Global games market revenue share by segment 2021. Statista. https://www.statista.com/statistics/298403/global-video-games-revenue-segment/. Zugegriffen: 14. März 2022.

Clement, J. (2022b). Number of games released on Steam 2021. Statista. https://www.statista.com/statistics/552623/number-games-released-steam/. Zugegriffen: 15. März 2022.

Clement, J. (2022c). Top global F2P games by revenue 2020. Statista. https://www.statista.com/statistics/935930/ftp-games-revenue/. Zugegriffen: 10. März 2022.

Clement, J. (2022d). Highest grossing mobile puzzle RPGs 2021. Statista. https://www.statista.com/statistics/1270113/highest-grossing-mobile-puzzle-rpgs/. Zugegriffen: 6. Juni 2022.

CompareCamp.com. (2020). 75 Steam statistics: 2020/2021 facts, market share & data analysis. Compare Camp. https://comparecamp.com/steam-statistics/. Zugegriffen: 17. Juni 2022.

Crawford, C. (1997). The art of computer game design. Washington State University. https://www.digitpress.com/library/books/book_art_of_computer_game_design.pdf.

DFCInt. (2021). Global gamers by region. DFC Intelligence. https://www.dfcint.com/global-gamers-by-region/. Zugegriffen: 14. März 2022.

Döring, N., & Bortz, J. (2016). *Forschungsmethoden und Evaluation in den Sozial- und Humanwissenschaften* (5. Aufl.). Springer.

Dubosson-Torbay, M., Osterwalder, A., & Pigneur, Y. (2002). E-business model design, classification, and measurements. *Thunderbird International Business Review, 44*(1), 5–23. https://doi.org/10.1002/tie.1036.

Farhana, M., & Swietlicki, D. (2020). *Is it game over for physical retailers? A study on Swedish video game industry.* Master Thesis, Linnéuniversität Kalmar Växjö. https://www.diva-portal.org/smash/get/diva2:1438786/FULLTEXT01.pdf. Zugegriffen: 15. März 2022.

Gatignon, H., Lecocq, X., Pauwels, K., & Sorescu, A. (2017). A marketing perspective on business models. *AMS Review, 7*(3–4), 85–89. https://doi.org/10.1007/s13162-017-0108-5.

Gough, C. (2022). DOTA 2 revenue 2017. Statista. https://www.statista.com/statistics/807 617/dota-2-revenue/. Zugegriffen: 11. März 2022.

Hellström, C., Nilsson, K. W., Leppert, J., & Åslund, C. (2012). Influences of motives to play and time spent gaming on the negative consequences of adolescent online computer gaming. *Computers in Human Behavior, 28*(4), 1379–1387. https://doi.org/10.1016/j.chb. 2012.02.023.

Holstein, M. (2019). *iPhone App design for entrepreneurs: Find success on the app store without coding* (English Edition). Apress.

Igbal, M. (2022). Fortnite usage and revenue statistics. Business of Apps. https://www.bus inessofapps.com/data/fortnite-statistics/. Zugegriffen: 6. Juni 2022.

Kraam-Aulenbach, N. (2002). *Interaktives, problemlösendes Denken im vernetzten Computerspiel.* Dissertation, Universität Wuppertal. http://elpub.bib.uni-wuppertal.de/edocs/dok umente/fb03/diss2002/kraam-aulenbach/d030203.pdf. Zugegriffen: 26. Mai 2022.

Kunst, A. (2022). Video game preferences by genre in Germany 2022. Statista. https:// www.statista.com/forecasts/998792/video-game-preferences-by-genre-in-germany. Zugegriffen: 5. Aug. 2022.

Leack, J. (2017). World of Warcraft Leads Industry with nearly $10 Billion in revenue, 26.01.2017. Game Revolution. https://www.gamerevolution.com/features/13510-world-of-warcraft-leads-industry-with-nearly-10-billion-in-revenue#/slide/1. Zugegriffen: 16. Juni 2022.

Mackay, L. (2022). How much money does Warzone make? Charlie Intel. https://charliein tel.com/how-much-money-does-warzone-make/158159/. Zugegriffen: 6. Juni 2022.

Mahlmann, T. (2013). *Modelling and generating strategy games mechanics.* Dissertation, IT-Universität Kopenhagen. https://www.lighti.de/wp-content/uploads/2013/08/the sis.pdf. Zugegriffen: 19. März 2022.

Massarczyk, E., Winzer, P., & Bender, S. (2019). Economic evaluation of business models in video gaming industry from publisher perspective. In A. Liapis, G. N. Yannakakis, M. Gentile & M. Ninaus (Hrsg.), *Games and Learning Alliance – 8th International Conference, GALA 2019, Athens, Greece, November 27–29, 2019, Proceedings* (S. 479–489). Springer Nature Switzerland, Cham.

Meffert, H., Burmann, C., Kirchgeorg, M., & Eisenbeiß, M. (2018). *Marketing: Grundlagen marktorientierter Unternehmensführung Konzepte – Instrumente – Praxisbeispiele* (13. Aufl.). Springer Gabler.

Microsoft News Center. (2022a). Microsoft to acquire Activision Blizzard to bring the joy and community of gaming to everyone, across every device – Stories. Microsoft. https://news.microsoft.com/2022/01/18/microsoft-to-acquire-activision-blizzard-to-bring-the-joy-and-community-of-gaming-to-everyone-across-every-device/. Zugegriffen: 19. Febr. 2022.

Mjörner, P., & Bosrup, E. (2004). *Alternative methods of financing software – Replacing illegal copying with free copying.* Master Thesis, Technische Hochschule Blekinge. http://www.diva-portal.org/smash/get/diva2:831502/FULLTEXT01.pdf. Zugegriffen: 7. März 2022

newsroom.smilegate. (2022). Smilegate achieves one trillion won in sales for two consecutive years, with firm foothold in top five. Smilegate. https://newsroom.smilegate.com/bbs/board.php?bo_table=eng&wr_id=305. Zugegriffen: 16. Juni 2022.

Olsson, B., & Sidenblom, L. (2010). *Business models for video games.* Master Thesis, Universität Lund.https://www.lunduniversity.lu.se/lup/publication/1672034. Zugegriffen: 7. März 2022.

Rousseau, J. (2022). Genshin impact's mobile consumer revenue has amassed over $3bn to date. GamesIndustry.biz. https://www.gamesindustry.biz/articles/2022-05-04-genshin-impacts-mobile-consumer-revenue-has-amassed-usd3bn-to-date. Zugegriffen: 6. Juni 2022.

Russoniello, C., O'Brien, K., & Parks, J. M. (2009). The effectiveness of casual video games in improving mood and decreasing stress. *Journal of Cyber Therapy and Rehabilitation, 2*(1), 53–66.

Sauer, A. (2018). *eSport, Netzwerkeffekte und Lindahl-Preise.* Springer Gabler.

Schallmo, D. R. A. (2018). *Geschäftsmodelle erfolgreich entwickeln und implementieren: Mit Aufgaben, Kontrollfragen und Templates* (2. Aufl.). Springer Gabler.

Schröder, L. (2019). *Digitale Spiele als Quellen.* Dissertation, Universität Hamburg. https://ediss.sub.uni-hamburg.de/handle/ediss/6263. Zugegriffen: 11. März 2022.

Sensor Tower. (2021). The state of MOBA mobile games 2021. Sensor Tower. https://go.sensortower.com/rs/351-RWH-315/images/state-of-moba-mobile-games-report-2021.pdf. Zugegriffen: 8. März 2022.

Sinclair, B. (2020). Five mobile games topped $1b in revenue this year – Sensor Tower. GamesIndustry.biz. https://www.gamesindustry.biz/articles/2020-12-16-five-mobile-games-topped-usd1b-in-revenue-this-year-sensor-tower. Zugegriffen: 8. März 2022.

Smith, N. (2020). The giants of the video game industry have thrived in the pandemic. Can the success continue? The Washington Post. https://www.washingtonpost.com/video-games/2020/05/12/video-game-industry-coronavirus/. Zugegriffen: 14. März 2022.

Steam. (2021). Best of steam. Valve Corporation. https://store.steampowered.com/sale/BestOf2021. Zugegriffen: 22. März 2022.

Stock, S., Schneider, P., Peper, E., & Molitor, E. (2018). *Erfolgreich wissenschaftlich arbeiten. Alles, was Studierende wissen sollten* (2. Aufl.). Springer Gabler.

SuperData. (2021). Top grossing titles by category. SuperData. http://bit.ly/sd-arcade. Zugegriffen 8. März 2022.

Tenzer, F. (2022). Umsatz – Videogames-Branche weltweit bis 2025. Statista. https://de.sta tista.com/statistik/daten/studie/160518/umfrage/prognostizierter-umsatz-in-der-weltwe iten-videogames-branche/. Zugegriffen: 4. Aug. 2022.

The Pokémon Company. (2022). Welcome to The Pokémon Company International. The Pokémon Company International. https://corporate.pokemon.com/en-us/. Zugegriffen: 4. Aug. 2022.

WePC. (2022). Video gaming monetization statistics 2022. WePC. https://www.wepc.com/ statistics/video-gaming-monetization/. Zugegriffen: 7. März 2022.

Wolf, M. J. P. (2001). *The medium of the video game*. University of Texas Press.

Xiao, L. Y. (2022). Which implementations of loot boxes constitute gambling? A UK legal perspective on the potential harms of random reward mechanisms. *International Journal of Mental Health and Addiction, 20*(1), 437–454. https://doi.org/10.1007/s11469-020-003 72-3.

Zerdick, A., Schrape, K., Artope, A., Goldhammer, K., Heger, D. K., Lange, U. T., Vierkant, E., Lopez-Escobar, E., & Silverstone, R. (2013). *Die Internet-Ökonomie: Strategien für die digitale Wirtschaft*. Springer.

Printed in the United States
by Baker & Taylor Publisher Services